Beginners' Italian

An Introduction to Conversational Italian

Ottavio Negro

Judy Ferguson.

HODDER AND STOUGHTON
LONDON SYDNEY AUCKLAND TORONTO

ISBN 0 340 21508 9

First published 1961
Third edition 1977
Fifth impression 1984

Photoset in Malta by Interprint (Malta) Ltd
Printed in Great Britain for Hodder and Stoughton Educational,
a division of Hodder and Stoughton Ltd, Mill Road, Dunton Green,
Sevenoaks, Kent, by Fletcher & Son Ltd, Norwich and bound by
Richard Clay (The Chaucer Press) Ltd, Bungay, Suffolk

CONTENTS

INTRODUCTION

This course is for beginners who want to learn practical, everyday Italian.

The general layout of *Beginners' Italian* has been maintained, but since the course now unfolds along somewhat different lines, it was felt that in order to achieve maximum integration of all its parts, the new edition should be completely rewritten.

The course is arranged in 16 chapters, each dealing with a specific topic and providing material for one or two lessons depending on the pace and absorption rate of the learners. New vocabulary and grammatical forms are first introduced in the main dialogue, then expanded in the drills and explained at the end of the chapter. Supplementary practice is also provided, consisting of a pool of activities for the teacher and the self-taught student to choose from when further expansion, homework or revision of the basic material is required.

I would like to thank my colleagues, their pupils and my own pupils for their co-operation and suggestions when the material of this course was tried in various classes. Thanks are also due to the editor, Sarah Boas, for her help and advice.

NOTES AND SUGGESTIONS ON THE USE OF THIS BOOK

General

The amount of learning activities in a chapter may prove too much for a session of work, and it might be better to deal with selected parts thoroughly rather than attempt to cover them all. To facilitate this, the less essential material has been separated from the rest under the heading of Supplementary Practice. For 'crash' courses it may be possible to use only the main part of each chapter plus a few supplementary exercises in each

lesson, but for normal courses it may be better to follow this scheme:
One lesson: the main basic material (dialogue, and all or some of the drills) plus one or more 'chain exchanges'. Homework could be done as suggested.

The follow-up lesson: rapid oral reconstruction of dialogue, then the 'conversational exchanges' as main item of the lesson, followed by the remainder of the drills (if they haven't all been done already), or repetition of some drills dealing with the more difficult constructions. Lesson rounded off by 'chain exchange(s)'.

Here, in more detail, are suggestions for the various activities:

Dialogue

The main dialogue contains the basic linguistic material of a chapter and should be learned thoroughly, practising orally one question and answer at a time, with students working in pairs, until all of it is mastered. To fix it in the mind and to learn Italian spelling at the same time, the dialogue (or a variation in the Supplementary Practice section) could then be dictated.

Drills

The drills exploit and expand the constructions and vocabulary contained in the dialogue, and aim at establishing correct linguistic habits. They should be practised orally. In a class, only the teacher needs to keep his book open. Here are some more practical suggestions:

For class work. (1) Drills of the 'box diagram' type: The teacher could construct a model question (A) and answer (B), selecting one element from each column, and ask students to repeat until both structures are understood. Once the students have grasped what the expected reply should be, the teacher can ask different questions, which the students in turn (and/or in chorus) answer according to the model. New single words can be explained either before dealing with the drill, or their translation can be given unobtrusively (in a lower tone of voice) when asking questions.

(2) Unboxed drills: The teacher produces a model of question and answer (A and B), and when the students have understood this, the drill is practised through. (One way of involving both the individual student and the class as a whole would be for the teacher to elicit a res-

ponse from one student, then to give the correct answer himself, and ask the whole class to repeat it. When the exercise becomes easy, change to a simple two-phase drilling.) Explain/translate new single words, and if a drill contains cues these should also be given in a different tone of voice.
For students working on their own. (1) Drills of the 'box diagram' type: Selecting one element from each column, read one or two questions (A) and their responses (B) to make sure you understand the nature of the exercise. Then, covering the B part of the drill, choose in the same manner a question from A and say aloud the expected reply. Answer the various questions you can form from box A until you can reply without hesitation. If in doubt, or if you get stuck, check your replies from box B.

(2) Drills of the unboxed type: read one or two questions and answers A and B to be clear about the nature of the exercise. Then cover up the right-hand column with a piece of card or paper. Read a question from part A and say aloud the expected reply. Move the card down one line at a time to check your reply, and proceed with the other questions as before.

N.B. These drills are best done orally, but they could also be helpful as written exercises, especially for students working on their own who may be uncertain as to the correct pronunciation.

Conversational exchanges

These are designed to provide additional phraseology on the topic on which the chapter is based, and to further consolidate the grammatical structures practised with the drills. These short dialogues can be used individually for revision or for extra practice, or can be linked together into a lengthier conversation as the focal point of a lesson.

Explanations

They aim at explaining the working of the Italian language — grammar, in a word — in as clear a way as possible. The points explained go hand in hand with the rest of the chapter, unfolding in logical sequence.

It is not suggested that they should constitute a specific part of a lesson; but they could be referred to briefly as the need arises. Their usefulness consists mainly in giving students, especially those more grammatically-minded, an opportunity to read, at home, formal descriptions of the grammatical structures.

Transferring learnt structures to free conversation

The student's ability to adapt to different situations what he has learnt and practised as a set response can be developed through a series of questions which probe from different angles the meaning of each sentence he has learned.

The questions should first elicit replies starting with *Sì* or *No*, then increase in complexity as follows: *Chi/che cosa è X? Chi (parla,* etc.*)? Che cosa fa X? Chi (vede,* etc.*)X? A chi/per chi,* etc. *(domanda,* etc.*)X? Che cosa (dà, scrive,* etc.*) X a Y? A chi (scrive,* etc.*) il/la,* etc. *. . . . X? Quando? Dove? Come? Quanto/quanti? Perchè?*

This intense questioning has the double effect of clarifying the grammatical function of each part of the sentence and of leading the student to focus his attention on what he wishes to convey as if in actual conversation. Variations of the original sentence can be obtained by injecting new words into the conversation.

PRONUNCIATION

Pronunciation and spelling are comparatively simple in Italian, as Italian spelling is phonetically-based.

Vowels

Italian vowels consist of one sound only, and therefore the position of lips, tongue and jaws remains the same while the sound is produced. When vowels follow each other, each one is pronounced separately. Their pronunciation is the same wherever they occur in a word.

VOWEL	PRONUNCIATION	EXAMPLES
a	as in *father*[1]	la casa, *house*
e	as in *get*[2]	la neve, *snow*
i	as in *machine*	i nidi, *nests*
o	as in *hot*	il nonno, *grandfather*
u	as in *put*	tutto, *all*

1 The pronunciation is shorter before two or more consonants, e.g. *canto, maschera.*
2 Strictly speaking, both *e* and *o* have an open and a close sound, but this distinction is often ignored by even the most educated Italians. On the other hand *è* (= *is*, third person singular of *to be*), must be pronounced open, more like the letter *a* in *bad.*

Consonants

Double consonants have the same sound as single consonants but are pronounced with greater emphasis, as if one consonant were at the end of one word and the other at the beginning of the next.

Consonants are pronounced as in English, with the following exceptions:

CONSONANT	PRONUNCIATION	EXAMPLES
c	(1) before *a*, *o*, *u* and before consonants, as in *car*	il carro, *cart* credere, *to believe*
	(2) before *e* and *i*, as *ch* in *church*	la cera, *wax* la città, *town*
ch	as in *chemist*	l'occhio, *eye*
g	(1) before *a*, *o*, *u* and before consonants (except *l* and *n*), as in *good*	la gola, *throat* il grasso, *fat*
	(2) before *e* or *i*, as in *gin*	il ginocchio, *knee*
gh	as in *ghost*	il ghiaccio, *ice*
gli	similar to *lli* in *billiards*. (In the following words, however, *gli* is pronounced as in *angle*: *anglicano*, Anglican; *glicerina*, glycerine; *geroglifico*, hieroglyphic; *negligente*, negligent)	il figlio, *son*
gn	similar to *ni* in *onion*	il bagno, *bath*
h	is always silent. As we have seen above, it is added to *c* and *g* to harden their sounds in front of *e* and *i*	
qu	as in *quite*	quattro, *four*

r	is trilled by vibrating the tongue, in the Scottish manner	la sera, *evening* il ferro, *iron*
s	(1) as in *rose* between vowels, or when followed by the consonants *b, d, g, l, m, n, r, v*	la rosa, *rose* lo sbaglio, *mistake*
	(2) as in *sand* in all other cases, or when it is double	la seta, *silk* rosso, *red*
sc	like *sh* before *e* or *i*; otherwise like *sk*	la scelta, *choice* scuro, *dark*
z	has two sounds: it is sometimes soft (voiced), like the *ds* in *goods*, sometimes sharp (unvoiced), like the *ts* in *nuts*. There are no general rules, but for guidance bear in mind that *z* at the beginning of a word is usually voiced, and that double *z* is usually unvoiced.	la zia, *aunt* la forza, *strength* le nozze, *wedding*

Stress, accent, apostrophe

As a general rule, the stress in an Italian word of more than one syllable falls on the penultimate syllable.

The accent (which is usually grave) is used only when the stress occurs on the final vowel of a word. This vowel must then be sharply pronounced, as in *città*, town; *avrò*, I shall have.

The accent is also written on the words *già*, already; *giù*, down; *più*, more; *può*, he can; and on certain monosyllabic words in order to distinguish them from others of identical spelling but different meaning:

chè (= perchè), *because*	che, *that*
là, *there*	la, *the* (f.)
nè, *nor*	ne, *of it, of them*
sè, *himself, themselves*	se, *if*
sì, *yes*	si, *reflexive pronoun*
è, *is*	e, *and*
dà, *gives*	da, *from*

The apostrophe indicates that a vowel has been dropped (generally in order to obtain a smooth link between one word and the next), as in *l'amica* (instead of *la amica*).

CAPITAL LETTERS

Initial capital letters are used for proper nouns, e.g.

Maria, Europa

Adjectives of nationality have small initial letters, unless they form part of a geographical designation, e.g.

un libro italiano	*an Italian book*
il Golfo Persiano	*the Persian Gulf*

Names of months, days and seasons have small initial letters, e.g.

una domenica di primavera	*a spring Sunday*
un giorno in aprile	*a day in April*

THE ALPHABET

LETTER	ITALIAN NAME	LETTER	ITALIAN NAME
a	*a*	n	*enne*
b	*bi*	o	*o*
c	*ci*	p	*pi*
d	*di*	q	*qu (pronounced koo)*
e	*e*	r	*erre*
f	*effe*	s	*esse*
g	*gi*	t	*ti*
h	*acca*	u	*u*
i	*i*	v	*vi*
l	*elle*	z	*zeta*
m	*emme*		

j, *k*, *w*, *x* and *y* are not used in Italian. When used to spell foreign words they are called *i lungo*, *cappa*, *doppio vi*, *ics*, *i greco*.

1 uno

Greetings
A, the
I am, I am not
It is, it is not
This is ... Is this ... ?
You are ... Are you ... ?
Do you ... ? Yes, I ...,
No, I don't ...

THE ARRIVAL

Two passengers on a coach from the airport to the air terminal.

1 *A*   Scusi, è Roma questa?
2 *B*   No, non ancora. Lei è americano/a?
3 *A*   No, io sono inglese.
4 *B*   Ma Lei parla italiano.
5 *A*   Un poco. E Lei, non parla inglese?
6 *B*   No, io parlo soltanto italiano.
7 *A*   Non è Roma questa?
8 *B*   Sì, questa è Roma.
9 *A*   Finalmente! Arrivederci signore/a/ina.
10 *B*   Arrivederci. Buon giorno.

1. Excuse me, is this Rome? 2. No, not yet. Are you American? 3. No, I am English. 4. But you speak Italian. 5. A little. And you, don't you speak English? 6. No, I only speak Italian. 7. Isn't this Rome? 8. Yes, this is Rome. 9. At last! Goodbye. 10. Goodbye. Good day.

DRILLS

1 Greetings
Exchange greetings, using appropriate titles.

Buon giorno,		Good day/morning/afternoon.
Buona sera,		Good evening.
Buona notte,	signore.	Good night (only at bedtime).
Buon viaggio,	signora.	Have a nice journey.
Buona passeggiata,	signorina.	Enjoy your walk.
Buone vacanze,		Have a nice holiday.
Arrivederci,		Goodbye, see you again.
Ciao.		Hello, cheerio (familiar).

1

2 Positive and negative forms/Definite and indefinite articles.
Structures: A. Is it a/the book?   B. Yes, it is/No it isn't a/the book.

A

È	un il	libro? giornale? fiammifero? francobollo? passaporto?	book newspaper match stamp passport
	l'	orologio?	watch
	uno lo	zaino? studente?	rucksack student
	una la	sigaretta? chiave? rivista?	cigarette key magazine
	un' l'	arancia? isola?	orange island

B

Sì, è No, non è	un il	libro. giornale. fiammifero. francobollo. passaporto.
	l'	orologio.
	uno lo	zaino. studente.
	una la	sigaretta. chiave. rivista.
	un' l'	arancia. isola.

3 Interrogative form
Structure: A. Are you Italian?   B. No, I am not Italian. I am English.

A

| È | italiano/a francese americano/a portoghese spagnolo/a scozzese tedesco/a gallese | Lei? | *Italian French American Portuguese Spanish Scottish German Welsh* |

B

| No, io non sono | italiano/a. francese. americano/a. portoghese. spagnolo/a. scozzese. tedesco/a. gallese. | Io sono inglese. |

4 *Structures: A. Excuse me, do you speak Italian?   B. No, I don't speak . . . I speak . . .*

A

| Scusi, Lei parla | italiano? francese? portoghese? spagnolo? tedesco? arabo? cinese? |

B

| No, io non parlo | italiano. francese. portoghese. spagnolo. tedesco. arabo. cinese. | Io parlo inglese. |

SUPPLEMENTARY PRACTICE

Conversational exchanges

1 *A* Fuma una sigaretta?   *Do you (wish to) smoke a cigarette?*
  B Grazie.   *Thanks.*
  A Prego.   *Don't mention it.*
  B E Lei, non fuma?   *And you, don't you smoke?*
  A No, io non fumo.   *No, I don't smoke.*
  B Lei è fortunato/a!   *You are lucky!*

2 *A* Lei è francese?
  B No, io sono italiano/a.
  A Non parla francese?
  B No, io parlo soltanto italiano.

Chain exchanges (*A to B, B to C, C to D* etc.)

1 *Looking for Mr/Mrs Cardinale*
  A Lei è il/la signor/a Cardinale?
  B No, sono il/la signor/a/ina X (*use your own name*). (*B to C*): Lei
     è . . . ? etc.

2 *Where have all the Italians gone?*
  A Scusi, Lei è italiano/a?
  B No, io non sono italiano/a. Io sono inglese. (*B to C*): Scusi, Lei è . . .
     etc. (*Last person asked:* Sì, io sono italiano/a).

3 *Trying to find someone who speaks Portuguese in the group. Only the last
  person asked does.*
  A Lei parla portoghese?
  B No, io non parlo portoghese. Io parlo inglese. (*B to C* etc.)
     Last person: Sì, io parlo portoghese.

4 *A box of cigarettes is passed round during a party. Nobody smokes!*
  A Lei fuma, signore/a/ina?
  B No, grazie, non fumo. (*B to C* etc.)

1

Reading practice/Dictation

Scusi, Lei è italiano? Sì, sono italiano. Lei non parla inglese? No, ma parlo italiano e spagnolo. E questa signora, è americana? Sì, è americana. Non è Roma questa? No, non ancora.

Suggestions for homework

1 *Select B's appropriate responses to A's questions:*
A Lei è americano?   B 1. Un poco. 2. Non ancora.
                        3. Finalmente! 4. No, io sono italiano.
A Lei parla italiano? B 1. Finalmente! 2. Un poco. 3. Io
                        non sono inglese. 4. Arrivederci.
A È Roma questa?   B 1. Io parlo italiano. 2. Arrivederci.
                        3. No, non ancora. 4. Un poco.

2 *Construct and write a few sentences using tables A and B of Drills 2, 3 and 4.*

3 *Write complete sentences incorporating the words given here. (One dash represents one missing word):*
1. —Roma   questa? 2. No, —ancora. 3. Lei—americano? 4. No,
io——americano.—sono   inglese. 5. Lei   non   parla—? 6. No,—
parlo soltanto—.

EXPLANATIONS

1 Io, Lei* and the other subject pronouns can be omitted, as persons who do the actions are indicated by the ending of the verb. However, they are used sometimes for clarity or emphasis, or to make more conversational 'contact' with people.

*In this course **Lei** (and its plural **Loro**), in the sense of 'you' (second person) will be written with capital 'L' even inside a sentence to help distinguish them from the third person pronouns, although most people nowadays write both the second and the third person in small letters.

2 Masculine and feminine.
Words referring to or describing people and things are either masculine (e.g. **libr**o, **italian**o) or feminine (e.g. **sigaretta**, **italian**a). When such words end in **-e** they are either masculine or feminine. Their gender is made clear by that of the other connected words, e.g. **Un**a **chiave** (the article shows that **chiave**, *key*, is feminine).

4

1

3 Indefinite article

Masculine	**un** libro	(**uno** if followed by **z** or **s** + consonant e.g. **uno zaino, uno studente**)
Feminine	**una** rivista	(**un'** if followed by vowel e.g. **un'isola**)

4 Definite article (singular)

Masculine	**il** giornale	when followed by a consonant, BUT
	lo zaino studente	if followed by **z**, or if followed by **s** + consonant
	l' orologio	if followed by vowel

Feminine	**la** rivista	followed by any consonant
	l' isola	if followed by a vowel

5 Negative form

A sentence is made negative by placing **non** in front of the verb.
E.g. **Io parlo. Io non parlo.**

6 Interrogative form

(a) simply by the intonation of the voice, e.g. **Silvia è italiana?**
(b) by placing the subject at the end of the sentence: **È italiana Silvia?**

2 due

Numbers
How are you?
How is your . . . ?
How do you do?
Is this your . . . ?/It isn't my . . .
Where is . . . ?
What time is it?
It is . . .

AT THE STATION

An Englishman and his Italian wife are on holiday in Italy. While they are waiting for their train, the wife meets an acquaintance of hers.

1 *A*   Buon giorno, signore/a.
2 *B*   Buon giorno. Come sta?
3 *A*   Sto bene, grazie, e Lei?
4 *B*   Molto bene, grazie.
5 *A*   Questo è John, mio marito.
6 *B*   Molto piacere.
7 *A*   (*to a guard*)   Dov'è il treno per Firenze?
8 *Guard*   È al binario dieci.
9 *A*   A che ora parte il treno?
10 *Guard*   Parte alle sette e cinque.
11 *A*   (*to her friend*)   Che ore sono?
12 *B*   Sono le sette.
13 *A*   È ora di partire.
14 *B*   Buon viaggio.
15 *A*   Grazie. Arrivederci.

1. Good morning sir/madam. 2. Good morning. How are you? 3. I am well, thanks, and you? 4. Very well, thank you. 5. This is John, my husband. 6. How do you do (lit. much pleasure). 7. Where is the train for Florence? 8. It's at platform ten. 9. (At) what time does the train leave? 10. It leaves at five past seven. 11. What time is it? 12. It is seven o'clock. 13. It's time to leave. 14. Have a nice journey. 15. Thank you. Goodbye.

DRILLS

1 Possessives: my ... your ...
Structures: *A. How is your brother?*   *B. My brother is well, thank you.*

A

Come sta	suo fratello?	*brother*
	sua sorella?	*sister*
	suo marito?	*husband*
	sua moglie?	*wife*
	suo padre?	*father*
	sua madre?	*mother*
	suo zio?	*uncle*
	sua zia?	*aunt*

B

Mio fratello	
Mia sorella	
Mio marito	
Mia moglie	sta bene, grazie.
Mio padre	
Mia madre	
Mio zio	
Mia zia	

2 Structures: *A. Is it [is this*] your ...?*   *B. No, it isn't [this* isn't] my ...*

A

È*	il Suo	ombrello?	*umbrella*
		giornale?	*newspaper*
		passaporto?	*passport*
		biglietto?	*ticket*
	la Sua	valigia?	*suitcase*
		penna?	*pen*
		rivista?	*magazine*
		busta?	*envelope*

B

No,	non è	il mio	ombrello.
			giornale.
			passaporto.
			biglietto.
		la mia	valigia.
			penna.
			rivista.
			busta.

* *Add* 'questo', 'questa' *to the drill when the students have mastered the basic structure.*

3 Structures: *A. Is the train for ... at platform 1?*   *B. Yes/No , it is ...*

A

È al binario	uno	il treno	Genova?
	due	per	Bologna?
	tre		Torino?
	quattro		Milano?
	cinque		Venezia?
	sei		Bari?
	sette		Napoli?
	otto		Roma?
	nove		Pisa?
	dieci		Firenze?

B

Sì, è al binario	uno.
[No, è al binario]*	due.
	tre.
	quattro.
	cinque.
	sei.
	sette.
	otto.
	nove.
	dieci.

* *When the affirmative reply has been mastered (requiring only repetition of numbers), B could then practice the negative alternative, replying with the number above the one suggested by A. (A omits* dieci *in the second version).*

2

4 *Structures: A. Where's the train for ... , is it at platform ...?   B. Yes, it is at platform ...*

A

Dov'è il treno per	Venezia, Milano, Torino, Bologna, Genova, Pisa, Firenze, Roma, Napoli, Bari,	è al binario	undici? dodici? tredici? quattordici? quindici? sedici? diciassette? diciotto? diciannove? venti?

B

Sì, è al binario	11 12 13 14 15 16 17 18 19 20

5 *Structures: A. Does the train for ... leave from platform ...?   B. No, it leaves from platform ...* (say number above the one suggested).

A

Parte dal binario	11 12 13 14 15 16 17 18 19	il treno per	Bari? Napoli? Roma? Firenze? Genova? Bologna? Torino? Milano? Venezia?

B

No, parte dal binario	12 13 14 15 16 17 18 19 20

6 What time is it? *(Che ore sono? or Che ora è?)*
Structures: A. What time is it? Is it ... already?   B. Yes, it's ... already.

A

Che ore sono? Che ora è?	Sono già	le	due? tre? quattro? cinque? sei? sette? otto? nove? dieci?
	È già	l'	una?

B

Sì,	sono già	le	due. tre. quattro. cinque. sei. sette. otto. nove. dieci.
	è già	l'	una.

2

7 *Structures: A. (At) what time does the train for . . . leave? B. It leaves at . . . (In replying to A, start from 5 minutes past 10 adding 5 minutes each time).*

A

A che ora parte il treno per	Firenze? Pisa? Roma? Napoli? Bari? Venezia? Milano? Torino? Bologna? Genova? Trieste?

B

Parte alle	dieci e	5 10 15 (un quarto) 20 25 30 (mezzo)
	undici meno	25 20 15 (un quarto) 10 5

SUPPLEMENTARY PRACTICE

Conversational exchanges

1 A Buon giorno, come sta?
  B Io sto bene, grazie, e Lei?
  A Sto molto bene. E suo fratello?
  B Anche mio fratello sta bene, grazie.

2 A È questo il treno per Firenze?
  B Sì, è questo.
  A A che ora parte?
  B Parte all'una e mezzo.

Chain exchanges

The annual general meeting. People remember colleagues from previous years with varying degrees of accuracy.

1 A Lei è il/la signor/a/ina . . . , vero? (vero? = *aren't you?*)
  B Sì, sono il/la signor/a/ina . . ./No, sono il/la signor/a/ina . . .
  A *(to C, introducing B)* Questo è il/la signor/a/ina . . .
  C Piacere.
  B Molto piacere.
  C *(to D)* Lei è il/la signor/a/ina . . . , vero? (etc.)

2 *From Italy you join a party flying to Australia. In mid-flight check the time with your fellow passengers.*
A Che ore sono? Sono le due?
B Non sono le tre? (*to C*) Che ore sono? sono le tre? (etc., *increasing numbers*).

3 *An umbrella has been found in the station waiting-room. We are trying to locate its owner.*
A È Suo questo ombrello?
B No, non è mio. (*to C*)
(*Repeat exercise using* 'valigia' *to practice* Sua, mia)

Bingo
Practice numbers 1–90 by playing Bingo (*Tombola* in Italian). The teacher starts, then the winner takes charge and calls the numbers.

Reading practice/Dictation
Sono le cinque, e il treno parte alle cinque e un quarto.
È questo il treno per Roma? No, il treno per Roma parte dal binario tredici.
Dov'è il binario tredici? È questo. Che ore sono? È ora di partire?
Sì, sono già le cinque e dieci. Ciao. Buon viaggio. Arrivederci.

Suggestions for homework

1 *Place next to each sentence on the left the letter corresponding to the right response:*

1 Buon giorno. Come sta?	A Sono le dieci.
2 Che ore sono?	B Buon viaggio.
3 Questo è John, mio marito.	C È al binario sette.
4 È ora di partire.	D Sto bene, grazie. E Lei?
5 Dov'è il treno per Firenze?	E Molto piacere.

2 *Construct and write:*
(a) *a few sentences using tables A and B of Drill 2*
(b) *one or two four-line dialogues using tables A and B of Drills 6 and 7*

3 *Write complete sentences incorporating the words given:*
1. Buon giorno, — sta? 2. Io — bene, grazie. 3. — è John, — marito.
4. Molto —. 5. — — il treno — Firenze? 6. — — binario dieci.
7. — che ora — — treno? 8. Parte — sette. 9. Che ore —? 10. Sono —
sette. 11. È — — partire. 12. — viaggio!

EXPLANATIONS

1 Possessive My ... Your ...

Possessives are preceded by an article, except when referring to *one* member of the family (**il mio treno, mio fratello**). The possessive matches in gender (and number) the people and things referred to (**mio fratello, mia sorella**).

2 Numbers

0	zero	10	dieci	20	venti	30	trenta
1	uno	11	undici	21	ventuno*	40	quaranta
2	due	12	dodici	22	ventidue	50	cinquanta
3	tre	13	tredici	23	ventitrè**	60	sessanta
4	quattro	14	quattordici	24	ventiquattro	70	settanta
5	cinque	15	quindici	25	venticinque	80	ottanta
6	sei	16	sedici	26	ventisei	90	novanta
7	sette	17	diciassette	27	ventisette	100	cento
8	otto	18	diciotto	28	ventotto*	101	centouno
9	nove	19	diciannove	29	ventinove	102	centodue, etc.

1000 mille, 1001 milleuno, 1002 milledue, etc.
2000 duemila, 2001 duemilauno, 2002 duemiladue, etc.
1.000.000 un milione, 1.000.001 un milione uno, etc.
2.000.000 due milioni, 2.000.001 due milioni uno, etc.

*'venti', 'trenta', 'quaranta' etc. drop their final vowel when followed by uno or otto.
**'Ventitrè', 'trentatrè' etc. are written with an accent on the final 'e'.
N.B. For ordinal numbers and fractions, see chapter 9.

3 Telling the time

Up to half-past, minutes are added to the hour with the word **e** (and). Over half-past, minutes are deducted from the next full hour with the word **meno** (minus). (But sometimes, especially in official timetables, the minutes are added all round the hour, e.g. 10.55 **dieci e cinquanta-cinque**).

Although in ordinary conversation the time past midday is referred to as in English (**le due, le tre**), official timetables are based on the 24-hour clock (**le 14, le 15**).

3 tre

Singular and Plural
Masculine and Feminine
This, that, these, those
I, you, he, she etc.
Present tense of verbs

ON THE TRAIN

1 *A* Scusi, che classe è questa?
2 *B* È una seconda classe.
3 *A* È libero questo posto?
4 *B* Questi due posti sono liberi.
5 *A* È Sua questa valigia?
6 *B* Sì, e anche quella rossa.
7 *A* Posso mettere la mia valigia sopra la Sua?
8 *B* Certamente.
9 *A* Ah, il treno parte.
10 *B* Bene, è in orario.
11 *A* Lei prende spesso questo treno?
12 *B* Sì, prendo questo treno tutti i giorni.
13 *A* Quando arriviamo a Firenze?
14 *B* Arriviamo verso le otto.

1. Excuse (me), what class is this? 2. It's a second class. 3. Is this place free?
4. These two places are free. 5. Is this suitcase yours? 6. Yes, and also that red one.
7. May I put my suitcase on top of yours? 8. Certainly. 9. Ah, the train is leaving.
10. Good, it's on time. 11. Do you often catch/take this train? 12. Yes, I take this
train every day. 13. When do we arrive in Florence? 14. We arrive towards eight
o'clock.

DRILLS

1 Singular nouns and adjectives
Structures: A. Where is the free place? B. Here is the free place.

3

A	
Dov'è	il posto libero? il signore scozzese? il giornale spagnolo? il libro portoghese? la rivista italiana? l'automobile inglese? la signora americana? la signorina francese?

B	
Ecco	il posto libero. il signore scozzese. il giornale spagnolo. il libro portoghese. la rivista italiana. l'automobile inglese. la signora americana. la signorina francese.

2 Plural nouns and adjectives
Structures: A. Where are the free places?   B. Here are the free places.

A	
Dove sono	i posti liberi? i giornali scozzesi? i libri spagnoli? i signori portoghesi? le riviste italiane? le signorine francesi? le automobili americane? le signore inglesi?

B	
Ecco	i posti liberi. i giornali scozzesi. i libri spagnoli. i signori portoghesi. le riviste italiane. le signorine francesi. le automobili americane. le signore inglesi.

3 Singular masculine and feminine articles, nouns and adjectives
Structures: A. The book is white. And the suitcase?   B. The . . . is . . . too.

A	B
Il libro è bianco (*white*). E la valigia?	Anche la valigia è bianca.
Il passaporto è verde (*green*). E la penna?	Anche la penna è verde.
Lo studente è povero (*poor*). E la signora?	Anche la signora è povera.
L'orologio è piccolo (*small*). E la chiave?	Anche la chiave è piccola.
Il teatro è grande (*large*). E la stazione?	Anche la stazione è grande.
Il giornale è francese. E la rivista?	Anche la rivista è francese.

4 Plural masculine and feminine articles, nouns and adjectives
Structures: A. The books are white. And the envelopes?   B. The . . . are . . . too.

A	B
I libri sono bianchi. E le buste?	Anche le buste sono bianche.
I passaporti sono verdi. E le penne?	Anche le penne sono verdi.
I giornali sono inglesi. E le reviste?	Anche le riviste sono inglesi.
Gli studenti sono poveri. E le signore?	Anche le signore sono povere.
Gli orologi sono piccoli. E le chiavi?	Anche le chiavi sono piccole.
Gli zaini sono grandi. E le valigie?	Anche le valigie sono grandi.

3

5 This, that
Structures: A. Is this the train?   B. No, the train is that (one).

A	B
È questo il treno?	No, il treno è quello.
È questa la seconda classe?	No, la seconda classe è quella.
È questo il posto?	No, il posto è quello.
È questa la cuccetta? (*couchette*)	No, la cuccetta è quella.
È questo lo scompartimento?	No, lo scompartimento è quello.
È questa la stazione?	No, la stazione è quella.
È questo l'orario?	No, l'orario è quello.
È questa la carrozza? (*carriage*)	No, la carrozza è quella.

6 These, those
Structures: A. Are these the tickets?   B. No, they are not these, they are those.

A	B
Sono questi i biglietti?	No, non sono questi, sono quelli.
Sono queste le valigie?	No, non sono queste, sono quelle.
Sono questi i posti?	No, non sono questi, sono quelli.
Sono queste le cuccette?	No, non sono queste, sono quelle.
Sono questi gli scompartimenti?	No, non sono questi, sono quelli.
Sono queste le riviste?	No, non sono queste, sono quelle.
Sono questi i bagagli? (*luggage*)	No, non sono questi, sono quelli.
Sono queste le sigarette?	No, non sono queste, sono quelle.

7 Present Tense Model: *Prendere, partire, arrivare* (to take/catch, to leave, to arrive)
Structures: A. Do you/Does your brother ...?   B. Yes I/my brother ...

A	B
Lei prende il treno di Roma?	Sì, prendo il treno di Roma.
Parte alle quattro?	Sì, parto alle quattro.
Arriva a Roma alle sei?	Sì, arrivo a Roma alle sei.
E suo fratello, parte per Bari?	Sì, parte per Bari.
Prende il treno delle 5 suo fratello?	Sì, prende il treno delle 5.
Arriva alle sette a Bari suo fratello?	Sì, arriva a Bari alle 7.

3

8 *Structures: A. Do we/ the others ...? B. No, we/ they ...*

Some members of your party seem to have their travelling instructions muddled up. You help them. (Answer with the number above the one mentioned by A).

A
Prendiamo il treno all'una?
Partiamo dal binario tre?
Arriviamo alle cinque?
E gli altri, prendono il treno alle sette?
Partono dal binario nove?
Arrivano a Siena alle undici?

B
No, prendiamo il treno alle due.
No, partiamo dal binario quattro.
No, arriviamo alle sei.
No, prendono il treno alle otto.
No, partono dal binario dieci.
No, arrivano a Siena alle dodici.

SUPPLEMENTARY PRACTICE

Conversational exchanges

1 *A* Scusi, sono liberi questi posti?
  B Soltanto questo è libero.
  A Fuma una sigaretta?
  B No, grazie, non fumo.

2 *A* È una rivista italiana questa?
  B No, è una rivista spagnola.
  A Parla spagnolo Lei?
  B Un poco. Mio marito/mia moglie è spagnolo/a.

3 *A* Posso vedere il Suo libro?
  B Questo bianco?
  A No, quello rosso.
  B Ecco il libro rosso.
  A Grazie.
  B Prego.

4 *A* A che ora arriva a casa? (*home*)
  B Arrivo verso le nove.
  A Prende l'autobus?
  B Sì, prendo il numero undici.

Chain exchanges

1 *Everyone is going to Ostia today, but at different times. Ask your friends what train they are going to catch (there is one every hour).*
   A Io prende il treno delle due. E Lei che treno prende?
   B Io prendo il treno delle . . . (*to C*):   E Lei, che treno prende? etc.

2 *Everybody is leaving at the same time!*
   A Noi partiamo alle sei.
   B Ah sì? Anche noi partiamo alle sei. (*to C*):   Noi partiamo alle sei. etc.

Reading Practice/Dictation

Enrico prende il treno per Roma tutti i giorni. Arriva alla stazione alle nove, e parte col treno delle nove e dieci. Il treno parte in orario, e arriva a Roma verso le undici. Scusi, è libero questo posto? Questo no, ma quello è libero. È Sua questa valigia? No, la mia è quella verde. Ma non parte il treno? Ah sì, parte, finalmente!

Suggestions for homework

1 *Construct and write:*
   (a) *some questions and answers from each drill;*
   (b) *a four-line dialogue based on Drill 7.*

2 *Write complete sentences incorporating the words given:*
   1. A che ora—il treno per Bari?   2. Parte—quattro e cinque.
   2. Anche—prendiamo questo treno.   4. —una seconda—questa?
   5. —libero—posto?   6. Questi due— —liberi.   7. È—questa valigia?
   8. No, la—valigia—rossa.   9. —mettere la—valigia sopra—sua?
   10. —arriviamo a Firenze?   11. Arriviamo—le sette.

3 *Place next to each sentence on the left the letter corresponding to the right response:*
   1 Lei è americano?   A Io sto bene.
   2 Ma Lei parla italiano!   B Sì, e anche quella rossa.

3 Come sta?
4 A che ora parte il treno?
5 È libero questo posto?
6 Scusi, che classe è questa?
7 È Sua questa valigia?
8 Quando arriviamo a Firenze?

C È una seconda classe.
D No, non sono americano.
E Un poco.
F Questi due posti sono liberi.
G Arriviamo verso le sette.
H Parte alle sette e cinque.

EXPLANATIONS

1 Definite Article (singular and plural)

Masculine

singular	plural	
il giornale	**i** giornali	followed by a consonant, but
lo { zaino / studente	**gli** { zaini / studenti	followed by **z**, or / followed by **s** + consonant
l'orologio	orologi	followed by vowel

Feminine

singular	plural	
la rivista	**le** { riviste	followed by any consonant
l'isola	isole	followed by vowel

2 Singular and plural nouns

	singular	plural
Masculine	il post**o**	i post**i**
Masculine	il giornal**e**	i giornal**i**
Feminine	la chiav**e**	le chiav**i**
Feminine	la valig**ia**	le valig**ie**

3 Nouns and adjectives (singular and plural)

Adjectives match the gender and number of the nouns they accompany.
This does not mean that they always end with identical letters.

3

Compare:

	singular	plural	
Masc.	il posto libero Il passaporto verde Il giornale italiano Il signore inglese	I posti liberi I passporti verdi I giornali italiani I signori inglesi	-o becomes -i -e becomes -i
Fem.	La valigia rossa La valigia verde La chiave piccola La chiave grande	Le valigie rosse Le valigie verdi Le chiavi piccole Le chiavi grandi	-a becomes -e -e becomes -i

Note the exceptions:
la mano (*hand*)	le mani
la radio	le radio
il telegramma	i telegrammi
il programma	i programmi

Position of adjectives: most adjectives follow the noun, but numerals and some common adjectives such as **buono** precede it (e.g. **seconda classe, una buona idea**).

4 Subject pronouns

Person	singular		plural	
first	io	I	noi	we
second (*fam.*)	tu	you	voi	you
second (*courtesy*)	Lei	you	Loro	you
third	lui (egli)	he	loro	they (m. and f. people)
	lei (essa)	she		
	esso/essa	it	essi/esse	they (things and people)

Notes

(a) *Second person, singular and plural*

(i) **Tu** is used between relatives and close friends and when speaking to children. In all other cases, **Lei** is the standard 'courtesy' or formal form of address.

(ii) **Voi** is to be used when speaking to people whom you would address as *tu* individually.

(iii) **Loro** is used as the plural of **Lei**, although **voi** is often used instead. (Note that the 'courtesy' forms of verbs in the second person are the same as the third person)

(b) *Third person singular*
  Lui and **lei** really mean 'him' and 'her' but they are popularly used for 'he' and 'she' as well. The correct form for 'he', **egli**, is used in a more literary style; the correct form for 'she', *ella*, is very rarely used as it sounds too formal. When the popular form **lei** is not being used, one uses not **ella** but *essa*.
  esso = it (masc.)
  essa = it (fem.)

(c) *Third person plural*
  Loro really means 'them' (for people) but is popularly used for 'they' as well. In a more literally style and to distinguish between masculine and feminine, **essi** and **esse** are often used. For animal and things use **essi** and **esse**.

5 To arrive, to take (catch), to leave, etc.

Italian verbs end in one of three ways in the infinitive: **-are, -ere, -ire** (e.g. **arrivare, prendere, partire**). Who does what and when is conveyed by substituting the ending of the infinitive with a series of different endings which form a set pattern (see table below for present tense endings).

		Arriv**are**	Prend**ere**	Part**ire**
sing.	*first*	arrivo	**-o** prendo	parto
	(tu)	(arrivi)	(-i) (prendi)	(parti)
	second and third	**-a** arriva	**-e** prende	parte
plural	*first*	arriviamo	**-iamo** prendiamo	partiamo
	(voi)	(-ate) (arrivate)	(-ete) (prendete)	(-ite) (partite)
	second and third	**-ano** arrivano	**-ono** prendono	partono

4 quattro

To be, to go
Prepositions + articles
Asking the way

ASKING THE WAY

1 *A*   Scusi, come posso andare in Via Dante?
2 *B*   Può prendere l'autobus numero sette.
3 *A*   Dov'è la fermata?
4 *B*   È qui all'angolo.
5 *A*   Grazie mille.
6 *B*   Prego.
7 *A*   (*to the conductor*)   Va in Via Dante questo autobus?
8 *Conductor*   Via Dante è lunga. Dove vuole andare?
9 *A*   Vado all'albergo Colombo.
10 *Conductor*   Deve scendere dopo il ponte.
11 *A*   È lontano?
12 *Conductor*   Ancora tre fermate.
13 *A*   Quant'è il biglietto?
14 *Conductor*   Cento lire.

1. Excuse me, how can I get to Via Dante?   2. You can take bus number seven.
3. Where is the stop?   4. It's here on the corner.   5. Thanks a lot.   6. Don't mention
it.   7. Does this bus go to Via Dante?   8. Via Dante is (a) long (street). Where do you
want to go?   9. I am going to the Hotel Colombo.   10. You must get off after the
bridge.   11. Is it far?   12. Three more stops.   13. How much is the ticket?   14. One
hundred liras.

DRILLS

1 Essere '*to be*' (*irregular*)
Structures: A. I am ready.   B. I am ready too.

A	B
Io sono pronto/a	Anch'io sono pronto/a
Mariuccia è pronta?	Anche Mariuccia è pronta.
Noi siamo pronti.	Anche noi siamo pronti.
I bambini sono pronti?	Anche i bambini sono pronti.
(*Teacher:* Allora andiamo. *Then let's go*)	

20

4

2 Andare 'to go' (irregular)

Structures: (A. is unstructured.)   B. I am going to Frascati too.
(At a sightseeing-tour departure point, drivers and guides are comparing their time-tables.)

A	B
Io vado a Frascati.	Anch'io vado a Frascati.
E Gino, dove va?	Anche Gino va a Frascati.
Alle due io e Franco andiamo a Tivoli. E voi?	Anche noi andiamo a Tivoli.
Alle sei le guide vanno a casa. E gli autisti?	Anche gli autisti vanno a casa.

3 Finding your way

Structures: A. Excuse me, where is the/a . . . ?   B. The/a . . . ? It is . . .

A

(Scusi)	dov'è dove posso trovare	la fermata	del	tram? filobus? vaporetto?	tram trolly bus ferry boat
			dell'	autobus?	bus
			della	metropolitana? funicolare?	underground cable car
		l'agenzia di viaggi? l'ufficio informazioni?			travel agency information office
		un	tassì? vigile?		taxi policeman

B

La fermata del. . . ? L'agenzia di viaggi? L'ufficio informazioni? Un tassì? Un vigile?	È	qui là	all'angolo. a destra. a sinistra. prima dei giardini. dopo la stazione.	It is	here there	on the corner on the right on the left before the gardens after the station

4 Structures: A. Does the . . . /this . . . go to . . . ?   B. No, it does not . . .

A

Il tram numero 4 L'autobus numero 5 Il numero 6 Quest'autobus Questo filobus	va porta	in	Via Rossini? Viale Verdi? Corso Dante? Piazza Bellini? centro?
Questa linea			a questo indirizzo?

B

No, (. . .) non	va porta	. . . . .

21

4

5   *Structures: A. Please, what can I take to go to . . .?   B. You can take . . .*

A

Per favore, che	cosa
	mezzo
		posso
		devo
			prendere per
			andare
				alla stazione?
				all'aeroporto?
				al consolato
				  britannico?
				all'azienda di
				  soggiorno?
				in Via Puccini?
				in Piazza Manzoni?
				in Viale Regina?

B

Per andare a . . .	può deve	prendere	il tram. l'autobus. il filobus. la metropolitana. la gondola. il vaporetto. la funicolare.

6   *Structures: A. What bus must I take to go to. . .?   B. To go to . . . you must . . .*

A

Che autobus	devo	prendere	per andare	a questo indirizzo? in centro?
Dove Quando		scendere		a questo albergo?

B

Per andare	a questo indirizzo in centro a questo albergo	deve	prendere l'autobus numero tre.	
			scendere	qui. alla prima fermata. alla seconda fermata.

22

4

SUPPLEMENTARY PRACTICE

Conversational exchanges

1 *A* Lei dove abita?
  B Abito in . . .
  A Va a casa in autobus?
  B No, vado a casa in macchina (*car*)

2 *A* Dov'è il suo ufficio (*office*)
  B È in . . .
  A Come va a lavorare? (*work*) Prende l'autobus?
  B No, vado a piedi. È molto vicino a casa mia.

3 *A* Andiamo in autobus o prendiamo un tassì?
  B Non possiamo andare a piedi?
  A È un po' lontano. (*a bit far*)
  B Allora prendiamo l'autobus.

Chain exchanges

1 *A* A che ora dev'essere a casa Lei?
  B Devo essere a casa all'una (alle 2, 3 etc.) (*to C*): A che ora dev'essere . . . (etc.)

2 *A* Vuole andare a casa a piedi, o prendiamo l'autobus?
  B Per me è lo stesso (*it's all the same to me*). (*to C*): Vuole andare a casa . . . (etc.)

Reading practice/Dictation

Franca vuole andare all'albergo Colombo. L'albergo è lontano, e Franca deve prendere l'autobus. Scusi, che autobus devo prendere per andare in Via Dante? Può prendere il numero sette. La fermata è all'angolo. Dove deve scendere Franca? Deve scendere dopo il ponte, prima dei giardini. L'albergo è a destra della fermata.

4

Suggestions for homework

1 *Read the main dialogue, then write down the appropriate questions (A) to obtain the following answers (B):*

A (1) . . . . B Può prendere l'autobus numero sette.

A (2) . . . . B È qui all'angolo.

A (3) . . . . B Vado all'albergo Colombo.

A (4) . . . . B Ancora tre fermate.

A (5) . . . . B Cento lire.

2 *Construct and write:*
  (a) *a few questions and answers from Drill 3 and Drill 4.*
  (b) *a four-line conversational exchange using tables A and B of Drills 5 and 6.*

3 *Write six sentences selecting from each square the elements that can correctly be linked together:*

Io	andiamo	alla fermata
Gino	vado	all'albergo
Lui	va	all'agenzia di viaggi
Loro	vanno	all'ufficio informazioni
Io e Franco		in via Rossini
Gino e Maria		a questo indirizzo

4 *Complete the sentences below, following the structure given as a model:*

Rosa è italiana.
1 Franco — italiano.
2 Rosa e Franco ——.
3 Maria e Carla ——.
4 Io — inglese.
5 Mio fratello ——.
6 — siamo —.
7 I miei fratelli ——.

EXPLANATIONS

1 Irregular verbs essere = *to be*, andare = *to go*

io	essere	andare
io	sono	vado
(tu), Lei	(sei), è	(vai), va
lui/lei	è	va
noi	siamo	andiamo
(voi), Loro	(siete), sono	(andate), vanno
loro	sono	vanno

2 Prepositions + Articles

Short prepositions combine with the definite article to produce the following forms:

		il	lo	l'	la	i	gli	le
(*of*)	di	del	dello	dell'	della	dei	degli	delle
(*to/at*)	a	al	allo	all'	alla	ai	agli	alle
(*from*)	da	dal	dallo	dall'	dalla	dai	dagli	dalle
(*in*)	in	nel	nello	nell'	nella	nei	negli	nelle
(*on*)	su	sul	sullo	sull'	sulla	sui	sugli	sulle

Combined forms with **con** frequently in use are: col, coi.
N.B. Instead of the genitive form with s, Italians use **di**: The lady's hotel = the hotel of the lady = **l'albergo della signora**.

5 cinque

There is, there are
To have
Possessives
Whose . . . is it?
Lo/ la/ li/ le
To be hot, cold, etc.

AT THE HOTEL

1 *A* Ha una camera libera?
2 *B* Ci sono due camere: una matrimoniale, e una singola.
3 *A* C'è il bagno nella camera singola?
4 *B* No, c'è la doccia.
5 *A* Qual è il prezzo?
6 *B* Ottomila lire al giorno.
7 *A* Va bene, la prendo.
8 *B* Quanto resta all'albergo?
9 *A* Resto soltanto due giorni.
10 *B* Ha un documento?
11 *A* Ecco il passaporto.
12 *B* Quali sono le Sue valigie?
13 *A* Sono queste.
14 *B* Le mando subito in camera Sua.

1. Have you a room free? 2. There are two rooms: one double and one single. 3. Is there a bath in the single room? 4. No, there is a shower. 5. What is the price? 6. Eight thousand liras a day. 7. All right, I'll take it. 8. How long are you going to stay at the hotel? 9. I'm staying only two days. 10. Have you any identification? 11. Here is my passport. 12. Which are your suitcases? 13. These are the ones. 14. I'll send them up to your room at once.

5

DRILLS

1. Possessives

Structures: A. My friend has my newspapers. B. My friend too has my newspapers.

A

Il	mio (tuo)/Suo* ,suo nostro (vostro)/ Loro* loro	amico	ha	i	miei (tuoi)/Suoi* suoi nostri (vostri)/ Loro* loro	giornali bagagli documenti
La	mia (tua)/Sua* sua nostra (vostra)/ Loro* loro	amica		le	mie (tue)/Sue* sue nostre (vostre)/ Loro* loro	valigie riviste sigarette

B

Anche il/la . . .
ha i/le . . .

*the capital letters are used here to indicate the *formal* 2nd persons.

N.B. Loro/loro is invariable.

2 There is . . ./is there . . .?

Structures: A. Is there . . . in the room? B. Certainly. There is . . . in all rooms.

A

C'è	il telefono in camera? la radio? anche la televisione? il bagno? l'acqua calda e fredda? l'aria condizionata? il riscaldamento?

B

Sto. C'è il/la/l' . . .	in tutte le camere.

3 There are . . ./are there . . .?

Structures: A. Are (there) my books here? B. Your . . .? One moment, I'll see if they are there.

A

Ci sono	i miei libri le mie valigie i miei giornali le mie sigarette i miei fiammiferi le mie riviste i miei bagagli le mie chiavi	qui?

B

I Suoi . . .? Le Sue . . .?	Un momento, vedo se ci sono.

27

5

4 Him/it = *lo*, her/it = *la*, them = *li* (masc.)/*le* (fem.)
Structures: A. Here/ There is the passport. Can you see it? B. Yes, I can see it.

A	B
Ecco il passaporto. Lo vede?	Sì, lo vedo.
Ecco la valigia. La vede?	Sì, la vedo.
Ecco i fiammiferi. Li vede?	Sì, li vedo.
Ecco le sigarette. Le vede?	Sì, le vedo.
Ecco il libro. Lo vede?	Sì, lo vedo.
Ecco la rivista. La vede?	Sì, la vedo.
Ecco i bagagli. Li vede?	Sì, li vedo.
Ecco le chiavi. Le vede?	Sì, le vedo.

5 *Structures: A. I am looking for the passport. B. I am looking for it too.*

A	B
Cerco il passaporto.	Lo cerco anch'io.
Cerco la valigia.	La cerco anch'io.
Cerco i fiammiferi.	Li cerco anch'io.
Cerco le sigarette.	Le cerco anch'io.

6 *Structures: A. Is your brother at home? B. Yes, he's there. I'll call him at once.*

A	B
È in casa Suo fratello?	Sì, c'è. Lo chiamo subito.
È in casa Sua sorella?	Sì, c'è. La chiamo subito.
Sono in casa i Suoi fratelli?	Sì, ci sono. Li chiamo subito.
Sono in casa le Sue sorelle?	Sì, ci sono. Le chiamo subito.
È in casa Franco?	Sì, c'è. Lo chiamo subito.
Sono in casa i Suoi zii?	Sì, ci sono. Li chiamo subito.
È in casa Carla?	Sì, c'è. La chiamo subito.
Sono in casa le Sue zie?	Sì, ci sono. Le chiamo subito.

7 *Avere* 'to have' (irregular).
Structures: A. I am warm today. B. I am warm too.

A

Oggi	io	ho	caldo	*warm/hot*
	(tu)/Lei	(hai)/ha	freddo	*cold*
			fame	*hungry*
	lui/lei	ha	sete	*thirsty*
			sonno	*sleepy*
	noi	abbiamo	paura	*afraid*
	(voi)/Loro	(avete)/hanno	ragione	*right*
			torto	*wrong*
	loro	hanno	fretta	*(in a) hurry*

B

Anch'io ho . . .
Anche (tu)/Lei ha . . .
        etc.

28

8 *Structures: A. Can I have another blanket? B. Certainly. Here is another blanket.*

A

Posso avere	un'altra coperta?	blanket
	un altro cuscino?	pillow
	un altro lenzuolo?	sheet
	un'altra lampada?	lamp
	un altro attaccapanni?	coathanger
	un altro portacenere?	ashtray
	un'altra sedia?	chair
	un altro asciugamano?	towel

B

| Certamente. | un'altra . . . |
| Ecco | un altro . . . |

SUPPLEMENTARY PRACTICE

Conversational exchanges

1 *A* C'è posta per me?
  B Che numero è la Sua camera?
  A Numero . . .
  B Ci sono due lettere per Lei.

2 *A* Io ho fame. A che ora mangiamo?
  B Mangiamo alle sette.
  A Non sono ancora le sette?
  B No. Sono le sette meno un quarto.

3 *A* Dove compra le riviste italiane?
  B Le compro alla stazione.
  A E i dischi?
  B Li compro in un negozio al centro.

Chain exchanges

1 *Waiting for supper time in the lounge, you and the other members of the group exchange impressions about the accommodation. Everybody seems pleased.*
  A Lei ha una bella camera?
  B Sì, ho una camera molto bella.
  A A che piano è?
  B Al primo piano. (to C): Lei ha una bella camera? etc.

2 *A* Lei ha un fratello?

   B No, non ho un fratello. Ho una sorella. (*to C*): Lei ha una sorella?

   C No, non ho una sorella. Ho un fratello. (*to D*): Lei ha un fratello? *etc.*

3 *Someone notices a few pieces of luggage left unattended in a corner. Find out to whom they belong.*

   A Di chi sono questi bagagli? Sono Suoi?

   B No, non sono miei. (*to C*): Di chi ..., *etc.*

4 *After supper your party wants to go up to town. Is everybody ready?*

   A Io sono pronto/a. È pronto/a anche Lei?

   B Io sono pronto/a. (*to C*): È pronto/a anche Lei? *etc.*

   Teacher (last). Va bene—allora partiamo.

Reading practice/Dictation

C'è una camera libera? Abbiamo due camere libere. Nella camera matrimoniale c'è il bagno, e nella camera singola c'è la doccia. Il prezzo è ottomila lire al giorno, e Gino prende la camera singola. Gino resta all'albergo soltanto due giorni. Ha il passaporto? Sì, e queste sono le mie valigie. Bene, le mando in camera Sua.

Suggestions for homework

1 *Read the main dialogue, then rearrange the following sentences to produce a coherent dialogue:*

No, c'è la doccia.

Novemila lire al giorno.

Resto soltanto un giorno.

C'è il bagno nella camera matrimoniale?

Quali sono le Sue valigie?

Va bene, la prendo.

Qual è il prezzo?

Quanto resta all'albergo?

Ecco il passaporto.

Le mando subito in camera Sua.

Ha un documento?

Sono queste.

2 *Construct and write:*

   (a) a few questions and answers from Drills 1 and 6.

   (b) a four-line conversational exchange using A and B of Drills 2 and 8.

3 *Write six sentences selecting from each square the elements that can correctly be linked together:*

Io	ho	sete
Lui		una bella camera
Maria	hanno	il passaporto
Loro		due valigie
Io e Franco	abbiamo	i fiammiferi
Franco e Maria	ha	le sue chiavi

EXPLANATIONS

1 Possessives

In Italian possessives are preceded by an article (**il mio biglietto**). The article is omitted before a noun in the *singular* denoting a member of the family (**mio fratello**). If members of the family are in the *plural*, or preceded by **loro**, or qualified by an adjective, the article must accompany the possessive (**i miei fratelli, la loro madre, la mia sorella minore**).

If the possessive is preceded by a form of **essere** the article may be omitted (**Questi bagagli non sono miei, sono tuoi**).

2 Idiomatic use of *avere*.

In Italian 'to be hot', 'to be cold' etc. are expressed with the verb 'to have'.

6 sei

Why . . . ? Because . . .
Either . . . or
Neither . . . nor
Dovere ⎫
Volere ⎬ + Infinitive
Potere ⎭
Infinitive + *lo, la, li, le, mi*
Ecco + *lo, la, li, le, mi*

IN TOWN

1 *A*   Perchè non attraversiamo?
2 *B*   Perchè il semaforo è rosso.
3 *A*   Dove vuole andare?
4 *B*   Voglio comprare dei francobolli.
5 *A*   Cerca un ufficio postale?
6 *B*   O un ufficio postale o una tabaccheria.
7 *A*   Non vedo nè un ufficio postale nè una tabaccheria.
8 *B*   Possiamo domandare al vigile.
9 *A*   È una buona idea.
10 *B* (*to a police officer*)   Scusi, c'è un ufficio postale qui vicino?
11 *Vigile*   Deve andare più avanti, vicino all'ospedale.
12 *B*   Dov'è l'ospedale?
13 *Vigile*   Eccolo là a destra. Lo vede?
14 *B*   Ah sì, grazie tante.

1. Why don't we cross? 2. Because the traffic lights are red. 3. Where do you want to go? 4. I want to buy some stamps. 5. Are you looking for a post office? 6. Either a post office or a tobacconist's. 7. I see neither a post office nor a tobacconist's. 8. We can ask the police officer. 9. It's a good idea. 10. Excuse me, is there a post office near here? 11. You must go farther on, near the hospital. 12. Where is the hospital? 13. There it is, on the left. Can you see it? 14. Oh yes, thank you very much.

6

DRILLS

1 Must I...? You must...
Structures: A. Must I wait at the terminal?   *B. Of course, you must...*

A

Devo	aspettare[1] al capolinea? andare[2] al posteggio? attraversare[3] sulle strisce? domandare[4] alla stazione? voltare[5] dopo il semaforo? camminare[6] sul marciapiede?

B

Certo, deve	aspettare al capolinea.[7] andare al posteggio.[8] attraversare sulle strisce.[9] domandare alla stazione. voltare dopo il semaforo.[10] camminare sul marciapiede.[11]

1 to wait   2 to go   3 to cross   4 to ask   5 to turn   6 to walk   7 terminal   8 car park
9 zebra crossing   10 traffic lights   11 pavement

2 We must, we can/may
Structures: A. Must we go up?   B. Yes, we must go up now.

A

Dobbiamo salire?
Possiamo scendere?
Dobbiamo prendere l'autobus?
Possiamo attraversare la strada?
Dobbiamo voltare a sinistra?
Possiamo continuare?
Dobbiamo aspettare?
Possiamo andare?

B

Sì, ora	dobbiamo... possiamo...		*go up* *come/go down* *take* *cross* *turn* *continue* *wait* *go*

3 I may, you may, you wish/want
Structures: A. May I wait here? . B. Yes, you may wait here if you wish.

A

Posso	aspettare salire scendere attraversare domandare voltare camminare	qui?

B

Sì, può	aspettare salire scendere attraversare domandare voltare camminare	qui,	se vuole.

6

4 They must, want, can

Structures: *(A is unstructured)*. *B. They must go to Frascati.*

A

Dove devono andare i Suoi amici?
  (a Frascati)
Come vogliono andare a Frascati?
  (in treno)
Quando vogliono partire? (alle tre)
Sono pronti? (Sì)
Allora¹ possono partire? (Sì)
Quando vogliono arrivare alla stazione?
  (un pò prima²)
Perchè? Cosa devono fare? (i biglietti)

B

Devono andare a Frascati.

Vogliono andare a Frascati in treno.
Vogliono partire all tre.
Sì, sono pronti.
Sì, possono partire.

Vogliono arrivare un po' prima.
Devono fare i biglietti.

1 then   2 a bit earlier

5 Infinitive + *lo, la, li, le*

Structures: *A. Is Franco there? May I see him?   B. One moment, I'll go and call him.*

A

C'è Franco? Posso vederlo?
C'è Maria? Posso vederla?
Ci sono i Suoi fratelli? Posso vederli?
Ci sono le Sue sorelle? Posso vederle?

B

Un momento, vado a chiamarlo.
Un momento, vado a chiamarla.
Un momento, vado a chiamarli.
Un momento, vado a chiamarle.

6 Structures: *A. Where is the newspaper?   B. I'll go and get it at once.*

A

Dov'è il giornale?
Dove sono i francobolli?
Dov'è la macchina fotografica?
Dove sono le cartoline?

B

Vado a prenderlo subito.
Vado a prenderli subito.
Vado a prenderla subito.
Vado a prenderle subito.

7 Infinitive + *mi*

Structures: *A. Excuse me, can you tell me where is . . . ?   B. It is . . .*

A

Scusi,	può	dirmi spiegarmi	dov'è	via	Garibaldi? Mazzini? Marconi? Rossini?
				la Pensione Scala? la tabaccheria? l'ospedale? il Bar Caterina? la farmacia? la scuola? l'ufficio postale?	

6

B (replies referring to the map below)

È	la	primà seconda terza	via	a	sinistra. destra.
	all'angolo di di fronte a		via		Garibaldi. Mazzini. Marconi. Rossini.

```
Via Rossini

        SCUOLA

Via Mazzini

              Tabaccheria

Pensione Scala

Via Garibaldi
```

VIA SFORZA

We are here

```
Bar Caterina

Farmacia

Via Marconi

Ufficio Postale

OSPEDALE
```

8 *Ecco + lo, la, li, le*

Structures: (A is unstructured.)   B. There it is/they are, on the left/right.
(You are standing on the bridge over the river that crosses the town. Point out to your friend the various features of the town, alternating left and right).

A
Non vedo il teatro. Lei lo vede?
Ah, sì. E dov'è l'università? La vede?
Ora la vedo. Dove sono i giardini pubblici?
Ah, eccoli. E le fontane della stazione?
E il municipio, dov'è?
Non vedo la cattedrale.
Dove sono i grandi magazzini?
E le piscine, dove sono?

B
Eccolo là a sinistra.
Eccola là a destra.
Eccoli là a sinistra.
Eccole là a destra.
Eccolo là a sinistra.
Eccola là a destra.
Eccoli là a sinistra.
Eccole là a destra.

SUPPLEMENTARY PRACTICE

Conversational exchanges

1 A Quanto traffico!   *What a lot of traffic!*
  B È l'ora di punta.   *It is the rush hour.*
  A Dove vuole andare?   *Where do you want to go?*
  B Cerco una farmacia.   *I am looking for a chemist's.*

35

2 *A* Può dirmi se il sette porta allo zoo?
  B No, deve prendere il settantaquattro.
  A Scusi, vuole parlare più adagio per favore?
  B Deve prendere il settantaquattro qui all'angolo. (*on the corner*)

3 *A* Dov'è...? (*name a well known store, restaurant, theatre etc. in your own town*)
  B È in... (*name a street/avenue/road/square*).
  A Come posso andare in...?

  B

Prende l'autobus numero ... e scende in ... street/etc.			
Va a piedi fino¹ Va sempre diritto fino²	al semaforo a ... street/etc.	poi volta a	sinistra destra

   1 you go on foot as far as ...,   2 you go straight on to ...

4 *A* Può raccomandarmi un buon ristorante/bar/caffè/parrucchiere?
  B C'è un buon... in... (*name a street in your own town*)
  A Dov'è.. *street*? È lontano?

  B

...street è la	prima seconda terza	via a	sinistra destra	dopo	*street* ... *square* *road*

Chain exchanges

1 *There are no street signs in this control busy street everyone knows so well. Everyone, that is, except you and the others in the group.*
  A Che via è questa? Siamo in...?
  B Non so. (*to C*): Che via è questa? *etc.*
  Teacher (*last*)   Non so. Chiediamo a qualcuno. (*I don't know. Let's ask someone*)

2 *A group of people is nearby, and you ask your way. Just your luck! They are all tourists. But they are trying to help.*
  A Scusi, è lontana la stazione?
  B Mi dispiace, sono forestiero anch'io. (*to C*): Scusi, è lontano...? *etc.*

3 *A* Prima di andare a casa noi andiamo a prendere un caffè. Viene anche Lei?
   B Con molto piacere. (*to C*): Prima di ... etc.

Reading practice/Dictation

Gino vuole andare a comprare dei francobolli. Può comprarli in un ufficio postale o in una tabaccheria. Attraversa la strada, ma non vede nè un ufficio postale nè una tabaccheria. Allora domanda a un vigile. L'ufficio postale è più avanti, vicino all'ospedale. Ora lo vede: è là a sinistra.

Suggestions for homework

1 *Referring to the map of Drill 7 help the enquirer to find what he is looking for, answering the following questions:*
   (*E.g.* C'è un/una ... qui vicino?—Sì, c'è un/una ... in via ... Dov'è ...?—... è in via ...)

   1. C'è un bar qui vicino? 2. Dov'è la scuola? 3. C'è una farmacia qui vicino? 4. Dov'è la Pensione Scala? 5. C'è un ufficio postale qui vicino? 6. Dov'è l'ospedale? 7. C'è una tabaccheria qui vicino? 8. Dov'è il Bar Caterina?

2 *An Italian friend is coming to visit you in the U.K. Using phrases from the main dialogue and/or the drills (especially Nos. 1, 2 and 7) send your friend instructions on how to get to your address from Victoria station (the taxis are on strike).*

3 *You became tired of rambling around the town with your friend looking for the rest of the group you arranged to meet. Your friend's questions are becoming tiresome. No wonder you answer impatiently (respond to each remark as the model B).*

   A Vuole ancora cercare gli altri?   *Do you still want to look for the others?*
   B Perchè, non posso cercarli?
   A Perchè vuole attraversare la strada?   *Why do you want to cross the street?*
   A Adesso vuol salire tutte queste scale?   *Now you want to climb all these stairs?*

A	Vuole proprio prendere l'autobus?	*Do you really want to take the bus?*
A	Ma Lei continua a guardare l'ora!	*But you are constantly looking at the time!*
A	Con questo caldo Lei vuole prendere un caffè?	*With this heat you want to have a coffee?*
A	E adesso vuol scendere le scale?	*And now you want to go down the stairs?*

EXPLANATIONS

1 Irregular verbs

to want, to wish (volere), *to be able, can/may* (potere), *to have to/must* (dovere)

	volere	**potere**	**dovere**
io	voglio	posso	devo*
(tu)/Lei	(vuoi)/vuole	(puoi)/può	(devi)/deve
lui/lei	vuole	può	deve
noi	vogliamo	possiamo	dobbiamo
(voi)/Loro	(volete)/vogliono	(potete)/possono	(dovete)/devono**
loro	vogliono	possono	devono**

*there is an alternative form, *debbo*, but it is less often used.
**the alternative form *debbono* is less often used.

2 Infinitive + pronouns

We have seen that **lo/la/li/le** precede the verb. But these and other pronouns (such as **mi**) can be added to the infinitive of a verb. In so doing the final **e** of the infinitive is dropped: **Vedo a chiamarlo.**

The infinitive can occur only when a previous verb has been used in a conjugated form. So now the position of the pronoun is optional:

(a) in front of the first verb: **lo vado a prendere**.
(b) attached to the end of the infinitive: **vado a prenderlo**. This is more common.

3 *Ecco* + pronouns

Pronouns can be added to the word **ecco** (**eccolo, eccola, eccomi**, etc.). **Qui/qua** (here) or **là/lì** (there) can be added for emphasis (**eccomi qui**).

7 sette

I/you like . . . would like . . .
want . . . could . . .
one ought to . . .
Ci = place
The Perfect Tense with *avere*
Quello, bello (quei, bei, etc.)

SIGHTSEEING

Sightseeing with a party of tourists, A and B strike up a conversation and plan an outing of their own.

1 *A*   Le piace Firenze?
2 *B*   Sì, mi piace molto.
3 *A*   Bisognerebbe restare qui almeno una settimana.
4 *B*   Una settimana? Bisognerebbe restarci almeno un mese.
5 *A*   Che programma* c'è per questo pomeriggio?
6 *B*   C'è una visita a un museo.
7 *A*   Un altro? Abbiamo già visitato tre musei!
8 *B*   Se vuole, noi possiamo andare da qualche altra parte.
9 *A*   Dove possiamo andare?
10 *B*   Ha già visto la casa di Dante?
11 *A*   Non ancora.
12 *B*   Le piacerebbe andarci questo pomeriggio?
13 *A*   Sì, mi piacerebbe molto andarci.

* *Although ending in a, it is masculine in gender.*

1. Do you like Florence? 2. Yes, I like it very much. 3. One ought to stay here at least a week. 4. One week? One ought to stay here at least a month. 5. What programme is there for this afternoon? 6. There is a visit to a museum. 7. Another? We have already visited three museums. 8. If you want, we could go somewhere else. 9. Where can we go? 10. Have you already seen Dante's house? 11. Not yet. 12. Would you like to go there this afternoon? 13. Yes, I would like to go there very much.

DRILLS

1 Do you like . . . ? I like/don't like . . .

Structures: A. Do you/don't you like that . . . ?   B. Yes/no, I like/don't like it/them.

A	B
Le piace quel palazzo? (*palace*)	Sì, mi piace.
Non Le piace quel monumento? (*monument*)	No, non mi piace.
Le piacciono quei giardini? (*gardens*)	Sì, mi piacciono.
Non Le piacciono quei lampioni? (*street lights*)	No, non mi piacciono.
Le piace quella fontana? (*fountain*)	Sì, mi piace.
Non Le piace quella aiuola? (*flower bed*)	No, non mi piace.
Le piacciono quelle statue? (*statues*)	Sì, mi piacciono.
Non Le piacciono quelle panchine? (*benches*)	No, non mi piacciono.

2 I/you would like . . . + infinitive + pronouns

Structures: A. Would you like to see the . . . ?   B. Yes, I would like to see it/them.

A

	lo zoo?
	la fiera industriale?
	i giardini pubblici?
Le piacerebbe vedere	le catacombe?
	il parco?
	la mostra?
	i subborghi?
	le fontane?

B

	vederlo.
	vederla.
	vederli.
Sì, mi piacerebbe	vederle.
	vederlo.
	vederla.
	vederli.
	vederle.

3 I/you could . . .

Structures: A. I could go to . . .   B. What about me, where could I go?
A. You could go to . . .   B. To . . . ? All right.
(A group of freelance guides are discussing the day's work.)

A	B
Io potrei andare al museo archeologico.	E io, dove potrei andare?
Lei potrebbe andare alle catacombe.	Alle catacombe? Va bene.
Poi[1] io potrei andare alla cattedrale.	E io, dove potrei andare?
Lei potrebbe andare al monastero.	Al monastero? Va bene.
Questo pomeriggio[2] io potrei andare al castello.	E io, dove potrei andare?
Lei potrebbe andare alla mostra d'arte.	Alla mostra d'arte? Va bene.
Questa sera[3] io potrei andare all'osservatorio.	E io, dove potrei andare?
Lei potrebbe andare alla fiera industriale.	Alla fiera industriale? Va bene.

1 Then   2 This afternoon   3 This evening

7

4 You want, I would want (= I would like)

Structures: A. Do you want to see/visit/go to . . . today?
B. No, I would want (= like) to see/visit/go to + it/them/
there tomorrow.
(ci = there, here, or reference to any place)

(You are in for a busy day tomorrow.)

A

Vuole	vedere la fiera industriale visitare il museo scientifico andare in città vedere i giardini pubblici visitare le rovine romane andare allo stadio	oggi?

B

No, vorrei	vederla visitarlo andarci vederli visitarle andarci	domani.

5 The Perfect

Structures: A. What did you see yesterday? B. I saw the park.

A

Che cosa ha (Che cos'ha)	visto visitato comprato preso sentito	ieri?	(il parco) (la cattedrale) (una rivista) (l'autobus) (il concerto)

B

Ho	visto il parco. visitato la catterale. comprato una rivista. preso l'autobus. sentito il conerto.

6 *Structures: A. How did you find the park, nice? B. Yes, I found it very nice.*

A

Come ha trovato	il parco, bello? il centro, brutto? lo stadio, piccolo? lo zoo, grande? il castello, antico? il municipio, moderno? il museo, interessante?

B

Sì, l'ho trovato molto	bello. brutto. piccolo. grande. antico. moderno. interessante.

SUPPLEMENTARY PRACTICE

Conversational exchanges

1 *A* È la prima volta che viene a Firenze? (*Is it the first time . . .*)
  B No, è la seconda volta.
  A Le piace?
  B Mi piace moltissimo.

2 *A*   Lei parla bene l'italiano.

   B   Scusi, non ho sentito. Che cosa ha detto?

   A   Ho detto che Lei parla bene l'italiano.

   B   Ah, grazie, Lei è molto gentile.

3 *A*   Sono due ore che giriamo. Sono stanco/a.

   B   Anch'io sono stanco/a. Andiamo al cinema.*

   A   I cinema** sono pieni a quest'ora.

   B   Allora entriamo in questo bar.

* although ending in a, *cinema is masculine in gender.*
** cinema doesn't change in the plural.

4 *A*   Qual è il Suo numero di telefono?

   B   . . . (*say your telephone number in Italian, or invent one*).

   A   Quando posso telefonarLe?

   B   Può telefonarmi quando vuole. Sono sempre in casa.

Chain exchanges

1 *A*   Ha già visitato . . . ?

   B   Non ancora, ma mi piacerebbe visitarlo/la/li/le.

   A   Possiamo andarci questo pomeriggio.

   B   Va bene. Chiediamo anche agli altri. (*to C*):   Ha già visitato . . . (*etc.*)

2 *A*   Vuol visitare qualcos'altro?

   B   Io ho già girato abbastanza per oggi. (*to C*):   Vuol visitare . . . (*etc.*)

   Teacher (last)   Allora ritorniamo all'albergo.

3 *A*   Che cosa ha fatto questo pomeriggio?

   B   Ho visitato (le catacombe, il museo . . . etc.) (*to C*):   Che cosa ha fatto . . . *etc.*

4 *Tea or coffee?*

   A   Vuole un caffè?

   B   No, vorrei un tè (*to C*):   Vuole un tè?

   C   No, vorrei un caffè, *etc.*

Reading practice/Dictation

Le piace il programma di questo pomeriggio? Dove andiamo? Andiamo a visitare un museo. Un altro? Quanti musei abbiamo già visi-

tato? Due o tre. Se vuole possiamo andare a vedere la casa di Dante.
Sì, mi piacerebbe molto vederla. Quando ci andiamo? Bisognerebbe
andarci ora. Bene, andiamo.

Suggestions for homework

1 *Supply B's responses, based on the cues given in brackets:*

A	Le piace Roma?	B	(*you answer yes, very much*)
A	Bisognerebbe restare qui almeno una settimana.	B	(*say that one ought to stay at least 2 weeks.*
A	Dove andiamo questo pomeriggio?	B	(*say there is in the programme a visit to a museum.*)
A	Abbiamo già visitato tre musei. Perchè non andiamo da qualche altra parte?	B	(*ask where you could go*)
A	Ha già visto la cattedrale?	B	(*answer not yet*)
A	Le piacerebbe vederla?	B	(*say you'd like to see it, but not this afternoon*).

2 *Construct and write:*
  (a) *a few sentences using Drills 2 and 4;*
  (b) *one or two four-line dialogues based on Drills 5 and 6.*

3 *Write six sentences selecting from each square the elements that can correctly be linked together:*

Lui	ha	sentito	il museo
mio fratello	hanno	visto	un giornale
Franco e Maria	ho	preso	la radio
Io e Franco	abbiamo	comprato	il parco
Io		visitato	il castello
Loro			il tram

EXPLANATIONS

1 **The Conditional** of a verb is useful for suggesting something without
  being too final about it.
  1st person   **-rei**
  2nd (formal) and 3rd person: **-rebbe**

(The conjugation of the Conditional will not be dealt with in its entirety at this stage.)

2 Ci is used to refer to a place mentioned beforehand. Its position in relation to the verb is the same as **lo/la/li/le** and other pronouns (in front of the verb unless this is in the infinitive, in which case it can be attached to the end of it).

3 The Perfect Tense describes something done in the past. It is formed by using the Present of the verb **avere** (to have)* and past participle (done, etc.). Regular verbs with infinitives ending in **-are** and **-ire** form their past participle by changing the **-re** of the infinitive to **-to**. Verbs ending in **-ere** in the infinitive change to **-uto**. Some past participles of **-ere** verbs are irregular, ending in **-so** or **-sso**.

Examples (one of each type of verb)

	Avere	Past Participle		Infinitive
I have	Ho	visitato	*(visited)*	visitare
He/she has	Ha	sentito	*(heard)*	sentire
We have	Abbiamo	voluto	*(wanted)*	volere
They have	Hanno	preso	*(taken)*	prendere

Example of some common irregular past participles

fare:	fatto *(done)*
dire:	detto *(said)*
mettere:	messo *(put)*
chiedere:	chiesto *(asked)*

vedere has two past participles, both in use: **veduto** or **visto** (seen)

*But some verbs require **essere** (to be). Chapter 9 will deal with such verbs.

5 Quello and **bello** change in a way similar to the definite article when preceding a noun:

	i giardini	il palazzo	lo zoo	
	quei giardini	quel palazzo	quello zoo	
	bei giardini	bel palazzo	bello zoo	etc.

8 otto

Agreement of Past Participle with *lo/la/li/le*
-isc- verbs
si (dice, etc)
Let's look (etc)

ENTERTAINMENTS

1 *A* Che cosa si può fare stasera?
2 *B* Andiamo alla discoteca?
3 *A* Suonano sempre gli stessi dischi.
4 *B* È vero. Li abbiamo sentiti molte volte.
5 *A* Guardiamo sul giornale.
6 *B* Sì, vediamo dove si può andare.
7 *A* C'è per caso un balletto?
8 *B* No, ma c'è un concerto di musica moderna.
9 *A* Non capisco la musica moderna.
10 *B* Vediamo se c'è un'operetta.
11 *A* C'è 'La Vedova Allegra' al teatro Verdi.
12 *B* L'ho sentita alla radio* ieri sera.
13 *A* Allora andiamo al cinema?
14 *B* All'Apollo danno 'L'Assassino'.
15 *A* Un film giallo? Bene. Andiamo a vederlo.

although ending with o, radio *is feminine.*

1. What can we do this evening? 2. (Shall) we go to the discotheque? 3. They always play the same records. 4. That's true. We have heard them several times. 5. Let's look in the newspaper. 6. Yes, let's see where we can go. 7. Is there by any chance a ballet? 8. No, but there is a concert of modern music. 9. I don't understand modern music. 10. Let's see if there's an operetta. 11. There is 'The Merry Widow' at the Verdi theatre. 12. I heard it on the radio last night. 13. Then (shall) we go to the cinema? 14. At the Apollo there is (lit. they give) 'The Assassin'. 15. A thriller? Fine. Let's go and see it.

45

8

DRILLS

1 Agreement of the Past Participle with *lo/la/li/le*
  Structures: *A. Have you seen my brother?   Yes, I have seen him in the bar.*

  (That's where all the family goes!)

A

Ha visto	mio fratello? mia sorella? i miei fratelli? le mie sorelle?

B

Sì,	l'ho visto l'ho vista li ho visti le ho viste	al bar.

2 *Structures: A. Where's the violin? Have you forgotten it?*
  B. Yes, [unfortunately]* I have forgotten it.
  (Ah well — we can't have a party then, can we?)

A

Dov'è il violino? L'ha dimenticato?
Dov'è la chitarra? L'ha dimenticata?
Dove sono i dischi? Li ha dimenticati?
Dove sono le fisarmoniche? Le ha
  dimenticate?

B

Sì,*	l'ho dimenticato. l'ho dimenticata. li ho dimenticati. le ho dimenticate.

* Add 'purtroppo' when the students find the drill easy without it.

3 *Structures: A. Would you like to have a coffee?   B. No thanks, I've already had one. (A is inclined to fuss a lot over you, and you don't want to encourage that. Keep A firmly at bay.)*

A

Vuol prendere un caffè?
Allora vuol vedere la mia biblioteca?
  (*library*)
Ah, è vero. Vuol sentire i miei dischi?
Ah sì, sono sempre gli stessi. Vuol
  provare queste sigarette turche?
  (*Turkish*)
Bene. Andiamo a vedere il nuove film
  americano?
Vuol vedere le mie stampe giapponesi?
(Lei è difficile da accontentare!)

B

No, grazie,	l'ho già preso. l'ho già vista. li ho già sentiti. le ho già provate. l'ho già visto. le ho già viste.

8

4 verbs + isc-

Structures: A. I understand French.   B. I understand French too.

A

Io capisco il francese.
(Tu capisci lo spagnolo).
Mio fratello capisce il tedesco.
Noi capiamo il portoghese.
(Voi capite il russo).
Loro capiscono il cinese.

B

Anch'io capisco il francese.
(Anche tu capisci lo spagnolo).
Anche mio fratello capisce il tedesco.
Anche noi capiamo il portoghese.
(Anche voi capite il russo).
Anche loro capiscono il cinese.

(This drill can be repeated answering with the object pronoun, e.g. Anch'io lo capisco *instead of* Anch'io capisco il francese*)*

5 Free drill. *(First exchange: A. Do you understand modern painting? B. No, I don't understand it.)*

A

Capisce la pittura moderna?   (No)
Preferisce il cinema o il
    teatro?   (il cinema)
Quando finisce il programma?
    (alle 9)
Capisce il russo?   (No)
Preferisce il vino o la
    birra?   (il vino)
Quando finiscono di ballare?
    (to dance)   (alle 11)

B

No, non la capisco.

Preferisco il cinema.

Finisce alle nove.
No, non lo capisco.

Preferisco il vino.

Finiscono alle undici.

6 Si (= does one ... ? etc.)

Structures: A. How does one write this word?   B. It's written like this.

A

Come si	scrive traduce pronuncia dice in italiano	questa parola?

B

Si	scrive traduce pronuncia dice	così.

7 *Structures: (A is unstructured)   B. We (one) could go to the beach.*

A

Dove si potrebbe andare
    questo pomeriggio?   (alla spiaggia)
Dopo la spiaggia, che cosa
    si potrebbe fare?   (andare al bar)

B

Si potrebbe andare alla spiaggia.

Si potrebbe andare al bar.

E poi, che cosa si potrebbe fare
fino all'ora di cena? (*till
  suppertime*) (una passeggiata)
E dove si potrebbe mangiare?
  (al solito ristorante)
E dopo cena? (andare al cinema)
Di nuovo? Non si potrebbe fare
  qualcos' altro? (andare a ballare)
(Buona idea. Mi piace molto ballare)

Si potrebbe fare una passeggiata.
Si potrebbe mangiare al solito
  ristorante.
Si potrebbe andare al cinema.

Si potrebbe andare a ballare.

SUPPLEMENTARY PRACTICE

Conversational exchanges

1 *A* Che cosa fa stasera?
  B Vado al cinema.
  A Che cosa va a vedere?
  B Vado a vedere . . . (*name a film going around at the moment*)
  A Io l'ho visto due volte. (*I have seen it twice.*) È molto bello.

2 *A* C'è qualcosa di bello a teatro in questi giorni?
  B Ho sentito dire che . . . (*mention a play which is on in your town*) è molto interessante.
  A Chi sono gli attori principali?
  B C'è . . . e . . . (*name two actors*).

3 *A* Che cosa ha fatto ieri sera?
  B Ho guardato la televisione.
  A E Sua sorella?
  B Ha ascoltato dei dischi.

4 *A* Che programma c'è alla televisione stasera?
  B C'è un programma di varietà.
  A A che ora incomincia?
  B Incomincia alle nove.
  A Finisce tardi?
  B No, finisce alle undici.

8

Chain exchanges

1 *A* La signora Ponti ha perso la borsetta. Lei l'ha vista per caso?
  B No, non l'ho vista. (*to C*): La signora Ponti ... etc.

2 *Deciding what to do*
  A Preferisce giocare a carte o a scacchi (*play cards or chess*)?
  B Per me è uguale. (*It's all the same to me*) (*to C*): Preferisce ... etc.

3 *Pass round the drinks, trying to get rid of the beer. Alas, they all prefer wine!*
  A Le piace la birra?
  B La birra non mi piace. Preferisco il vino. (*to C*): Le piace la birra? etc.

Reading practice/Dictation

Dove andiamo stasera? Possiamo andare alla discoteca. Hanno soltanto cinque o sei dischi, e li abbiamo già sentiti mole volte. Vediamo sul giornale dove si può andare. Lei capisce la musica moderna? No, non la capisco. C'è un balletto? No, ma c'è un'operetta al teatro Verdi, 'La Vedova Allegra'. Non l'ha sentita alla radio? No, io non ho la radio.

Suggestions for homework

1 *Supply B's answers following the given model.*
  (*Rosina's innocence.*)

A	Lei ha letto il Decamerone?	*B*	Sì, l'ho letto.
A	Anche Rosina l'ha letto?	*B*	No, non l'ha letto.
A	Lei ha visto la nuova commedia?	*B*	Sì ...
A	Anche Rosina l'ha vista?	*B*	No, ...
A	Lei ha notato i giochi di parole? (*puns*)	*B*	Sì, ...
A	Anche Rosina li ha notati?	*B*	No, ...
A	Lei ha capito le barzellette? (*jokes*)	*B*	Sì, ...
A	Anche Rosina le ha capite?	*B*	No, ...

2 *Construct and write:*
   (a) *two questions and answers using Drill 1;*
   (b) *two questions and answers using Drill 2;*
   (c) *two questions and answers using Drill 6;*
   (d) *a four-line 'exchange' using Drill 7.*

3 *Construct and write sentences incorporating the words given:*
1. Che cosa—stasera? 2. Andiamo—discoteca. 3. Suonano sempre——dischi. 4. —abbiamo sentiti tutti—volte. 5. Guardiamo—giornale dove—andare. 6. —piace 'La Vedova Allegra?' 7. — ho sentita—radio. 8. Allora——cinema? 9. C'—un film russo—Apollo. 10. —essere un film giallo. 11. ——vederlo?

EXPLANATIONS

1 The Perfect Tense preceded by *lo/la/li/le*

When the verb in the Perfect Tense with **avere** is preceded by a direct object pronoun (e.g. **lo/la/li/le**) the ending of the past participle must agree with the ending of the pronoun. This is quite evident when using **li** and **le**.

Ha sentito i dischi?	Sì, **li** ho sentit**i**.
Ha sentito le canzoni?	Sì, **le** ho sentit**e**.

However **lo** and **la** drop their vowel in front of **avere** (i.e. **l'ho** = **lo ho** or **la ho**); therefore the gender of the object can only be inferred from the ending of the past participle.

Ha sentito il concerto?	Sì, l'ho sentit**o**.
Ha sentito l'opera?	Sì, l'ho sentit**a**.

2 Verbs + *-isc-*

A few verbs whose infinitive ends in **-ire** add **-isc-** to the stem of the singular persons and of the third person plural in the Present, as follows:

		to understand **capire**	to prefer **preferire**	to finish **finire**
sing.	1	capisco	preferisco	finisco
	(tu)	(capisci)	(preferisci)	(finisci)
	2, 3	capisce	preferisce	finisce
plur.	1	capiamo	preferiamo	finiamo
	(voi)	(capite)	(preferite)	(finite)
	2, 3	capiscono	preferiscono	finiscono

8

3 Si (dice etc.)

By using **si** one can make generalizations such as 'Can one smoke here'?, 'How do you say in Italian . . . ?', 'Do they speak Portuguese in Brazil?', 'English is spoken here'. Often the first person plural is implied: **Che si fa stasera?** (What do we do this evening?)
When **si** is related to an adjective, it requires the verb in the third person singular and the adjective in the plural, i.e. **Quando si è giovani si è impulsivi**. If there is an object pronoun, this must precede **si; mi si chiede di . . .** (I am asked to . . .). But **loro** always follows the verb: **si chiede loro di . . .** (They are asked to . . .).

4 Let's . . .

The first person plural of a verb doesn't only express 'we look', 'we see', 'we go' etc., but also let's look', 'let's see', 'let's go'. When used in this last way the object pronouns are attached to the verb: **mettiamolo qui**, 'let's put it here'.

9 nove

The Perfect tense with *essere*
Ordinal numbers
Days of the week
Partitive articles (some, any)
Once, twice etc.

AT THE BOX OFFICE

1 *A*   Che coda lunga!

2 *B*   È lunga, ma si fa in fretta.

3 *A*   Va spesso a teatro Lei?

4 *B*   No. In sei mesi ci sono stato/a una volta.

5 *A*   La settimana scorsa noi ci siamo andati due volte.

6 *B*   Fortunati Loro!

7 *A*   (*to the booking clerk*)   Ci sono dei posti per questa sera?

8 *Clerk*   No, questa sera è tutto esaurito.

9 *A*   E per sabato prossimo?

10 *Clerk*   Per sabato sì. Platea o galleria?

11 *A*   Ha dei buoni posti in prima galleria?

12 *Clerk* (*showing the plan*)   Ci sono questi in terza fila.

13 *A*   Va bene, prenoto questi due. Quant'è?

14 *Clerk*   Seimila lire. Ecco i biglietti.

1. What a long queue!   2. It is long, but it is fast moving (lit. one does fast).   3. Do you often go to the theatre?   4. No. In six months I've been (there) once.   5. We went twice last week.   6. Lucky you!   7. Are there seats for tonight?   8. No, tonight it's all booked.   9. What about next Saturday?   10. For Saturday it's all right. Stalls or circle?   11. Have you any good seats in the dress circle?   12. There are these in the third row.   13. All right, I'll book these two. How much is it?   14. Six thousand lire. Here are the tickets.

9

DRILLS

1 The Perfect with *essere:* agreement of the past participle with the subject.
Structures: A. When did your brother arrive? B. (My brother) arrived on Monday.

A			B			
Quando	è	arrivato Suo fratello? arrivata Sua sorella?	(Mio fratello) (Mia sorella)	è	arrivato arrivata	lunedì. martedì.
	sono	arrivati i Suoi amici? arrivate le Sue cugine?	(I miei amici) (Le mie cugine)	sono	arrivati arrivate	mercoledì. giovedì. venerdì. sabato. domenica.

(This drill can be practised leaving out the subject in the reply, i.e.
È arrivato lunedì *instead of* Mio fratello è arrivato lunedì.)

2 *Structures: (A is unstructured) B. Mr Corri isn't here. He's gone out.*

(Your friend's family have all gone out, and you are at their place baby-sitting. The telephone rings.)

A	B
Pronto, posso parlare col signor Corri?	Il signor Corri non c'è. È uscito.
C'è la signora Corri?	La signora Corri non c'è. È uscita.
Ci sono Gino e Piero?	Gino e Piero non ci sono. Sono usciti.
Ci sono Anna e Luisa?	Anna e Luisa non ci sono. Sono uscite.

3 *Structures: (A is unstructured). B. He has not arrived yet.*

(For once the boss has come to the office early, and only finds the cleaner.)

A	B
C'è il direttore? (*manager*)	Non è ancora arrivato.
La segretaria dov'è? (*secretary*)	Non è ancora arrivata.
Dove sono i rappresentanti? (*reps*)	Non sono ancora arrivati.
E le dattilografe? (*typists*)	Non sono ancora arrivate.
Non c'è il contabile? (*accountant*)	Non è ancora arrivato.
E la telefonista, dov'è? (*telephonist*)	Non è ancora arrivata.
Dove sono i fattorini? (*messengers*)	Non sono ancora arrivati.
Non ci sono le nuove impiegate? (*clerks*)	Non sono ancora arrivate.

9

4 *Structures: (A is unstructured). B. Yes, I went out at eight.*
(A crime has been committed. The detective is summing up people's movements.)

A	B
A che ora è uscito/a Lei ieri mattina, alle otto?	Sì, sono uscito/a alle otto.
È uscito/a da solo/a? *(alone, on your own)*	Sì, sono uscito/a da solo/a.
E la domestica, è uscita alle nove?	Sì, è uscita alle nove.
Dunque *(well then)*, Lei è uscito/a da solo/a, ed* è ritornato/a con Suo fratello. A che ora sono ritornati, alle dieci?	Sì, siamo ritornati alle dieci.
Va bene. Poi *(afterwards)* sono arrivati i Suoi amici. Sono arrivati alle undici?	Sì, sono arrivati alle undici.

*ed = e. *The d is optional, and provides a clear separation of sound between vowels.*

5 Ordinal numbers
Structures: A. Are there places in the first row?   B. In the first row there's only one place.

A				B			
Ci sono dei posti in	prima seconda terza quarta quinta sesta settima ottava nona decima undicesima	fila?		In	prima seconda terza quarta quinta sesta settima ottava nona decima undicesima	fila c'è soltanto un posto.	

6 The Partitive (some, any).
Structures: A. Is there (some) room in the balcony?   B. Yes, there's (some) room in the balcony.

A

C'è	del posto nel loggione? della musica nel primo atto?
Ci sono	dei posti in galleria? delle poltrone libere in platea? degli spettacoli alla domenica?

54

B

Sì,	nel loggione nel primo atto	c'è	del posto. della musica.
	in galleria in platea alla domenica	ci sono	dei posti. delle poltrone libere. degli spettacoli.

SUPPLEMENTARY PRACTICE

Conversational exchanges

1 *Al telefono.*
  A Pronto, sono Angelo/a. Sono appena arrivato/a.
  B È ritornato/a anche Franco/a?
  A No, lui/lei è rimasto/a a Londra.

2 *A* Dove sono andati i Suoi fratelli ieri sera?
  B Sono andati a teatro.
  A E le Sue sorelle, dove sono andate?
  B Sono rimaste a casa.

3 *A* A che ora incomincia la rappresentazione?
  B Incomincia alle otto e trenta.
  A Quanti atti ci sono?
  B C'è un prologo e due atti.

4 *A* È stato/a a teatro ieri sera?
  B Sì. Sono andato/a a vedere ... (*Name a play which is on at the moment.*)
  A Come l'ha trovato?
  B Molto noioso. (*Very boring*). Sono ritornato/a a casa dopo l'intervallo.

Chain exchanges

1 *A* Lei viene spesso qui?
  B Vengo qui una volta alla settimana./Questa è la prima/seconda volta. (*to C*): Lei viene spesso qui? *etc.*

2 *Everybody wants to see this popular play, but there is only one ticket available each night. Try to sort out who is going when.*
  A Lei può andare lunedì?
  B Sì, lunedì va bene per me. (*to C*): Lei può andare martedì? *etc.*

3 *Everybody has seen this play last week, but on different nights.*
   A È andato/a a vedere . . .? (*name a play which is on at the moment*)
   B Ci sono andato/a lunedì (martedì, mercoledì etc.) scorso. (*to C*):
      È andato/a . . . *etc.*

Reading practice/Dictation

Mio fratello non va spesso a teatro. In sei mesi c'è stato soltanto due
volte. Il mese scorso mia sorella c'è andata tre volte. Questa sera i posti
sono tutti esauriti, ma per sabato prossimo ci sono ancora dei buoni
posti in platea e in prima galleria. Io prenoto due posti in terza fila.
Quant'è? Seimila lire.

Suggestions for homework

1 *Read the main dialogue, then correct and rewrite the following statements
referring to it:*
1. B è stato a teatro due volte in sei mesi.   2. La settimana scorsa A è
stato a teatro quattro volte.   3. Questa sera ci sono dei posti liberi.   4.
Sabato sera è tutto esaurito.   5. In prima galleria ci sono dei posti liberi
in seconda fila.   6. A prenota tre posti.   7. Il prezzo dei biglietti è sette-
mila lire.

2 *Construct and write:*
   (a) *a few sentences using Drill 1, and a few more sentences using Drill 6.*
   (b) *a four-line dialogue out of Drills 5 and 6.*

3 *Supply B's responses. Start your replies with the appropriate forms of*
   essere *and of* arrivato/a/i/e *plus the adverbial cue as in the example given.
   (The participants to the annual bird watchers' conference mill around the
   hall to renew their acquaintance with one another.)*
   A Io sono arrivato 5 minuti fa. E Lei, quando è arrivato?   (un'ora
      fa = *one hour ago*)
   B Sono arrivato un'ora fa.
   A Ho incontrato il Presidente. È qui da molto tempo?   (10 minuti
      fa) **B** . . .
   A È già arrivata la segretaria?   (20 minuti fa) **B** . . .
   A E il dottor Corvetto, c'è?   (adesso) **B** . . .
   A Ho notato Suo fratello al bar. È arrivato prima di Lei?   (insieme)
      B . . .

A Io sono venuto con Franco. Siamo in ritardo? (a tempo) **B** ...
A Non ho visto le Sue sorelle. Ci sono?   (in questo momento) **B** ...

EXPLANATIONS

1 The Perfect tense with essere

The Perfect tense of some verbs (mainly describing movement from one place to another) is obtained with the help of **essere** instead of **avere**. In such cases the past participle must match the gender and number of the persons who have come, gone, left, arrived etc., much like an adjective does. (*Gino è uscito. Maria è uscita.*)
Note: The Perfect of **essere** is formed with the present tense (see p. 20) and the past participle of **essere**. E.g. **È stato a teatro? Sì, ci sono stato.**

2 Ordinal numbers

Primo, secondo, terzo, quarto, quinto, sesto, settimo, ottavo, nono, decimo, undicesimo ... ventesimo ... centesimo ... millesimo ... etc.

From eleventh onwards, ordinal numbers are formed by replacing the final vowel of **undici, dodici** etc. with **-esimo**.

They are adjectives, and must match the gender and number of the noun they precede: **il primo atto, la prima fila; i primi posti, le prime file.**

3 Fractions

Fractions make use of both cardinal and ordinal numbers.

$\frac{1}{2}$ una metà $\frac{3}{4}$ tre quarti
$\frac{1}{3}$ un terzo $\frac{7}{8}$ sette ottavi
$\frac{1}{4}$ un quarto $3\frac{1}{2}$ tre e mezzo
$\frac{1}{5}$ un quinto, *etc.*

Mezzo is the adjective corresponding to *la metà*; it agrees with the noun: *mezzo limone, mezza pagina.*

4 The Partitive (some, any).

The combination of **di** + article refers not only to 'of the' etc. but is also the equivalent of 'some' and 'any'.

10 dieci

Verbs in -care, -gare
Plural of verbs in
-co, -ca, -go, -ga
Imperative (courtesy form)
Double negative (nobody, nothing, none)
Da + infinitive
Nouns + da
Venire

BANK, POST OFFICE, TELEPHONE

1 *A* (*to a clerk hurrying past*)   Scusi, non c'è nessuno a questo sportello?
2 *B*   Che cosa desidera?
3 *A*   Devo cambiare dei travellers cheques.*
4 *B*   Vuol venire a questo sportello?
5 *A*   Qual è il cambio della sterlina oggi?
6 *B*   Milleseicento lire.
7 *A*   Vorrei cambiare cinquanta sterline.
8 *B*   Ha il passaporto?
9 *A*   Eccolo. C'è qualcosa da firmare?
10 *B*   Firmi qui, per favore.
11 *A*   Un momento, prendo la penna.
12 *B*   Prenda questa, signore/a/ina.
13 *A*   Grazie. Ora vado alla cassa?
14 *B*   Sì. Non dimentichi il passaporto!

The Italian equivalent, assegni viaggiatori, *refers to cheques issued in Italy to be used in Italy only.*

1. Excuse me, isn't there anyone at this counter?   2. Can I help you? (lit. what do you wish?).   3. I have to change some travellers cheques.   4. Would you like to come to this counter?   5. What's the exchange (rate) of the pound today?   6. 1,600 lire.   7. I would like to change £50.   8. Have you (got) your passport?   9. Here it is. Is there anything to sign?   10. Sign here, please.   11. One moment, I'll get my pen.   12. Take this (one) sir/madam.   13. Thanks. Do I go to the cash desk now?   14. Yes. Don't forget your passport!

58

10

DRILLS

1 Imperative ('Courtesy' form: verbs in -are = -i; -ere = -a; ire = -a)
Structures: A. Have I to get the tea ready?   B. Yes, get the tea ready please.

(*Some VIPs have come to tea. Your daily help is popping in and out for instructions.*)

A

Devo preparare il tè?
Devo portare le tazze? (*cups*)
Devo chiudere le finestre? (*windows*)
Devo accendere la luce? (*put on the light*)
Devo avvertire gli ospiti? (*inform the guests*)
Devo servire adesso?

B

Sì, prepari il tè per favore.
Sì, porti le tazze per favore.
Sì, chiuda le finestre per favore.
Sì, accenda la luce per favore.
Sì, avverta gli ospiti per favore.

Sì, serva adesso per favore.

2 Double negative
Structures: A. Haven't you received a . . . this morning?   B. No, I haven't received any . . .

A

Questa mattina, non ha ricevuto	una lettera? un telegramma? una telefonata? un vaglia? una cartolina? un biglietto postale? una raccomandata? un pacco? un espresso?

B

No, non ho ricevuto	nessuna lettera. nessun telegramma.[1] nessuna telefonata. nessun vaglia.[1] nessuna cartolina.[2] nessun biglietto postale.[3] nessuna raccomandata.[4] nessun pacco.[5] nessun espresso.

1 'telegramma' and 'vaglia' (postal order) are masculine although ending in -a   2 picture postcard   3 letter card   4 registered letter   5 packet, parcel

3 *Structures: (A is unstructured)   B. I haven't danced with anybody.*

(*Someone is giving you a lift home after a party. For some reason you are in a negative mood.*)

A

Non l'ho visto/a ballare. (*to dance*)
   Con chi ha ballato?
Non sta bene? Ha bevuto troppo?
Ha incontrato (*met*) qualcuno (*someone*) interessante?

B

Non ho ballato con nessuno.
Non ho bevuto niente.

Non ho incontrato nessuno.

59

10

Allora cos'ha fatto? Ha sempre mangiato?	Non ho mangiato niente.
Ha notato Franco al party?	Non ho notato nessuno.
Allora non ha visto che cosa ha fatto Franco?	Non ho visto niente.
Ha parlato con la padrona di casa?	Non ho parlato con nessuno.

4 Da + Infinitive
Structures: A. Is there anything to sign? B. There is a form to sign.

A

C'è qualcosa da	firmare? (modulo)
	imbucare? (lettera)
	fare? (molto)
	leggere? (giornale)
	vedere? (film)
	bere? (del caffe)
	mangiare? (del salame)

B

C'è	un modulo da firmare.
	una lettera da imbucare.[1]
	molto da fare.
	un giornale da leggere.
	un film da vedere.
	del caffè da bere.
	del salame da mangiare.

1 to post

5 Nouns + da (to express the use or the value of something)
Structures: A. Have you any writing paper? B. Some writing paper? Here it is.

A

Ha della carta da lettere?
Ha un francobollo da 100 lire? (stamp)
Ha dei biglietti da visita? (visiting cards)
Ha delle monete da 50 lire? (coins)
Ha un vaglia da 1000 lire? (postal order)
Ha delle carte da gioco? (playing cards)

B

Della carta da lettere? Eccola.
Un francobollo da 100 lire? Eccolo.
Dei biglietti da visita? Eccoli.
Delle monete da 50 lire? Eccole.
Un vaglia da 1000 lire? Eccolo.
Delle carte da gioco? Eccole.

6 Venire to come (irregular)
Structures: A. Are you coming from the hotel? B. Yes, I am coming from the hotel.

A

Viene dall'albergo Lei? (Sì)
Viene alla banca? (Sì)
Viene anche il/la Suo/a amico/a? (No)
E dopo, viene in centro Lei? (Sì)
Viene al solito bar? (Sì)
E il/la Suo/a amico/a, non viene? (No)

B

Sì, vengo dall'albergo.
Sì, vengo alla banca.
No, il/la mio/a amico/a non viene.
Sì, vengo in centro.
Sì, vengo al solito bar.
No, il/la mio/a amico/a non viene.

7 *Structures: (A is unstructured)*   B. *We are coming from the bank.*

A	B
Da dove vengono Loro? (banca)	Veniamo dalla banca.
Vengono all'ufficio postale? (Sì)	Sì, veniamo all'ufficio postale.
Come vengono, in autobus? (No. In tassì)	No, veniamo in tassì.
Vengono anche gli altri? (Sì)	Sì, vengono anche gli altri.
Anche gli altri vengono in tassì? (No, a piedi)	No, vengono a piedi.

SUPPLEMENTARY PRACTICE
Conversational exchanges

1 *All'ufficio postale*
   A   Ci sonò delle lettere 'Fermo Posta' per me?
   B   Che nome, signore/a/ina?
   A   ...
   B   No, non c'è niente per Lei.

2 *A*   Se spedisco (*send*) un telegramma adesso, quando arriva a Londra?
   B   Arriva certamente per questa sera.
   A   Vorrei farlo urgente.
   B   Va bene. Venti parole, più l'indirizzo, milletrecento lire.

3 *Al telefono.*
   A   Ha un gettone? (*telephone coin*)
   B   Ecco. Cinquanta lire.
   A   Dov'è l'elenco telefonico? (*telephone directory*)
   B   È a fianco dell'apparecchio.

4 *A*   C'è molto da aspettare per telefonare a Londra?
   B   No, soltanto alcuni minuti.
   A   Vorrei telefonare a questo numero.
   B   Vuole andare alla cabina quattro per favore?

5 *A*   Non posso ottenere la comunicazione (*connection*)
   B   Forse (*perhaps*) ha sbagliato numero. Provi a rifarlo.
   A   Ah no, la linea è occupata.

6 *A*   Pronto, chi parla?
   B   Pronto. Sono ... Posso parlare con ...?
   A   Mi dispiace, ... non è in casa.
   B   A che ora ritorna?
   A   Provi a telefonare verso le sette.

7 *A* È in casa domani?
B Al pomeriggio no, ma sono in casa tutta la mattina.
A Allora Le telefono domani mattina.
B D'accordo. Ecco il mio numero.

Chain exchanges

1 *A* A che ora aprono le banche?
B Non sono sicuro/a. (*to* C): . . .

2 *A* Si possono cambiare delle sterline in tutte le banche?
B Io credo di sì. (*to* C): Si possono cambiare . . . etc.

3 *A* Ha qualcosa da imbucare Lei? (*to post*)
B No, non ho niente da imbucare oggi. (*to* C): . . .

4 *A* È passato il postino? (*postman*)
B Non so. Non l'ho visto arrivare. (*to* C): . . .

5 *A* Non trovo il numero dei Bondi nella guida. Vuol guardare Lei?
B (*to* C, C *to* D, *etc.*)

Reading practice/Dictation

Maria desidera cambiare delle sterline, e va alla banca. Allo sportello non c'è nessuno. Scusi, non c'è nessuno all'altro sportello? Vorrei cambiare 50 sterline. Qual è il cambio, oggi? Milleseicento lire. Va bene. Vuol vedere il passaporto? Sì, grazie. Firmi qui, per favore. Non ho la penna. Prenda questa, signora. Ora devo andare alla cassa? Sì, sportello quattro.

Suggestions for homework

1 *Read the main dialogue, then answer the following questions:*
  1 C'è qualcuno allo sportello?
  2 Che cosa deve cambiare A?
  3 Qual è il cambio della sterlina?
  4 Quante sterline vuole cambiare A?
  5 Dopo aver firmato, dove deve andare A?
  6 Che cosa ha dimenticato A?

2 *Construct and write:*
 (a) *a few sentences from Drill 2;*
 (b) *a possible four-line dialogue from Drills 1 and 3.* (*Start with* Devo
 avvertire gli ospiti?)

3 *Write six sentences selecting from each square the elements that can
 correctly be linked together:*

Franco	veniamo	dall'albergo.
Io	vengo	in autobus.
Lui	vengono	al bar.
Maria e Carlo	viene	in centro.
gli altri		a piedi.
Io e Carlo		all'ufficio postale.

EXPLANATIONS

1 Verbs ending in -*care* and -*gare*

To preserve the hard sound of the infinitive, verbs such as **dimenticare**
and **pagare** take an **h** before **i**:

Dimenticare **dimentico, dimentichi, dimentica, dimentichiamo, dimenticate, dimenticano.**

Pagare **pago, paghi, paga, paghiamo, pagate, pagano.**

2 Plural of words ending in -*co, ca, go, ga*

The plural of most nouns and adjectives which end in **-co, -ca, -go, -ga**
need an **h** to preserve the hard sound as in the singular:

**banca — banche, amica — amiche*, albergo — alberghi, bianco/a —
bianchi/e, lungo/a — lunghi/e, largo/a — larghi/e.**

*but notice the exception: **amico — amici.** Other notable exceptions: **simpatico/a —
simpatici/che, magnifico/a — magnifici/che.**

2 Imperative

When giving orders or exhorting someone, the verbs are as follows in
the 'courtesy' form. (The familiar form has special features, and will not
be dealt with at this stage.)

Infinitive:	**firmare**	**prendere**	**sentire**
Imperative:	**firmi!**	**prenda!**	**senta!**

There is no imperative form for the first person singular. Exhortations in the first person plural are expressed exactly as an ordinary statement (**andiamo a casa** = 'we go home', 'let's go home'); and if the sentence contains a pronoun, this is added to the verb: **mettiamolo qui**, 'let's put it here'.

Notice the following irregular imperatives:

Sia buono!	Be good!	**Faccia come me.**	Do as I do.
Venga qui!	Come here!	**Abbia pazienza.**	Be patient (have patience).
Vada a casa!	Go home!	**Mi dia il passaporto.**	Give me your passport!
Stia ancora!	Stay a bit longer!	**Mi dica come sta.**	Tell me how you are.

3 Double negative

Non c'è *nessuno*? 'Isn't anybody there?' **Non ho visto** *niente* (or *nulla*), 'I didn't see anything'. **Non è** *mai* **stato a Roma?** 'Have you never been in Rome?'

If **nessuno, niente, nulla** or **mai** follow a verb, then the verb must be preceded by **non**. In fact, **mai** without the preceding **non** means 'ever', e.g. **È mai stato a Roma?** 'Have you ever been to Rome?' On the other hand, if negatives like **nessuno, niente, neanche** (not even) etc. precede the verb, **non** is not required: e.g.

Non mi ha telefonato nessuno? No, nessuno Le ha telefonato.

Nessuno, when followed by a noun, takes the same forms as the indefinite article (**nessun pacco, nessuna lettera, nessuno studente**) and corresponds to the English use of 'no' in sentences like 'I see no parcels'.

4 Irregular verb *Venire* (to come)

vengo	veniamo
(vieni)	(venite)
viene	vengono

11 undici

Ne
Morire, nascere, salire,
rimanere, uscire, riuscire
Irregular Past Participles
Aver voglia di, bisogno di
Disjunctive pronouns

AT THE BAR

1 *A* Ha voglia di bere qualcosa?
2 *B* Sì, muoio di sete.
3 *A* Entriamo qui.
4 *B* Che cosa posso offrire?
5 *A* Lei ha offerto ieri. Oggi tocca a me.
6 *B* Se proprio insiste, La ringrazio.
7 *A* Che cosa beve Lei? Io prendo un Martini.
8 *B* Buona idea. Un Martini anche per me.
9 *A* Liscio o con seltz?
10 *B* Con seltz.
11 *A* (*to the waiter*) Cameriere, due Martini con seltz.
12 *B* Se permette, io intanto faccio una telefonata.
13 *A* Ha bisogno di un gettone? Io devo averne uno.
14 *B* Grazie, ne ho uno anch'io.

1. Would you like something to drink? 2. Yes, I'm dying of thirst. 3. Let's go in here. 4. What can I offer you? 5. You paid yesterday. Today is my turn. 6. If you really insist. Thank you. 7. What are you drinking? I'm having a Martini. 8. Good idea. A Martini for me too. 9. Neat or with soda? 10. With soda. 11. Waiter, two Martinis with soda. 12. If I may (lit. if you allow me), I'll make a telephone call meanwhile. 13. Do you need a telephone coin? I think (lit. I must) I have one. 14. Thanks, I have one too.

11

DRILLS

1 *Morire, salire, rimanere, uscire, riuscire* (Irregular verbs).
Structures: A. I am dying of thirst. B. I am dying of thirst too.

(*Copycat!*)

A

Io muoio di sete.
Rimango un po' al bar.
Esco verso le tre.
Poi salgo in ufficio.
Riesco a fare un po' di lavoro.
E alle cinque vado a casa.

B

Anch'io muoio di sete.
Anch'io rimango un po' al bar.
Anch'io esco verso le tre.
Anch'io poi salgo in ufficio.
Anch'io riesco a fare un po' di lavoro.
Anch'io alle cinque vado a casa.

2 Irregular past participles
Structures: A. What did you offer? B. I offered a coffee.

A

Che cosa ha	offerto* bevuto aperto chiuso letto scritto, perso speso	Lei?

B

	(caffè) (birra) (bottiglia) (finestra) (giornale) (lettera) (sigarette) (10 sterline)	Io ho	offerto un caffè. bevuto una birra. aperto una bottiglia[1]. chiuso una finestra[2]. letto un giornale. scritto una lettera. perso le sigareete. speso 10 sterline.

*See Explanation 2 for translation of words in this column.
1 bottle, 2 window

3 *Ne* (some, any, of it, of them)
Structures: A. This coffee is good! B. Do you like it? Have another one.

A

È buono questo caffè!
È buona questa birra!
È buono questo cappuccino![1]
È buona questa cassata![2]
È buono questo latte frappè![3]
È buona questa spremuta di limone![4]
È buono questo aperitivo!
È buona questa granita di caffè![5]

B

Le piace? Ne prenda un altro.
Le piace? Ne prenda un'altra.
Le piace? Ne prenda un altro.
Le piace? Ne prenda un'altra.
Le piace? Ne prenda un altro.
Le piace? Ne prenda un'altra.
Le piace? Ne prenda un altro.
Le piace? Ne prende un'altra.

1 *coffee with a dash of milk,*   2 *multiflavoured ice cream,*
3 *milk shake,*   4 *fresh lemon juice,*
5 *iced coffee*

66

4 *Structures: A. How many beers shall I order? (lit. must I order?)*
   B. Can you order two (three, four etc.) please?

(A party of tourists is stopping at a café.)
When replying, progressively increase the number of drinks ordered starting from two.

A

Quanti	caffè* cappuccini aperitivi gelati	devo ordinare?
Quante	birre gazose limonate aranciate	

B

Può ordinarne	due, tre, quattro, cinque, sei, sette, otto, nove,	per favore?

nouns with an accent on their final vowel do not change this in the plural.

5 Agreement of the past participle with the noun implied by *ne*
   Structures: A. Will you have (lit. do you take) some more coffee?
   B. No thanks, I've already had too much.

A

Prende ancora del caffè?
Beve ancora della birra?
Mangia ancora delle paste?[1]
Fuma ancora una sigaretta?
Prende ancora del tè?
Beve ancora dell'aranciata?
Mangia ancora dei biscotti?[2]
Fuma ancora un sigaro?

1 pastry, 2 biscuits

B

No grazie, ne ho già	preso troppo. bevuta troppa. mangiate troppe. fumate troppe. preso troppo. bevuta troppa. mangiati troppi. fumati troppi.

6 Disjunctive (emphatic) pronouns
   Structures: A. Whom did he bring it to, to me?   B. No, he brought it to me.

A

A chi l'ha portato, a me?
A chi l'ha offerto, a Lei?
A chi l'ha ordinato, a noi?
A chi l'ha pagato, a Loro?

B

No, l'ha portato a me.
No, l'ha offerto a Lei.
No, l'ha ordinato a noi.
No, l'ha ordinato a Loro.

7 *Structures: A. Has Franco ordered it?* B. *Yes, he has ordered it.*

A

L'ha	ordinato Franco? offerto Maria? comprato Suo fratello? pagato Sua sorella? portato Enrico? preso Giovanni?

B

Sì, l'ha	ordinato lui. offerto lei. comprato lui. pagato lei. portato lui. preso lui.

8 *Structures: A. I('ll) have an orangeade. And you?* B. *An orangeade for me too, please.*

A

Io prendo	un' aranciata. E Lei? un cioccolato. E Franco? una cassata. E Maria? un caffè. E i Suoi amici? una limonata. E Lei? un aperitivo. E Suo fratello? un gelato. E Sua sorella? una birra. E i Suoi genitori?

B

Sì, un'aranciata anche per me.
Sì, un cioccolato anche per lui.
Sì, una cassata anche per lei.
Sì, un caffè anche per loro.
Sì, una limonata anche per me.
Sì, un aperitivo anche per lui.
Sì, un gelato anche per lei.
Sì, una birra anche per loro.

9 *Aver voglia di, aver bisogno di . . .*
Structures: A. Would you like (Do you fancy) something to drink?
B. *Ah yes, I really need to drink something.*

A

Ha voglia di	bere qualcosa? prendere un caffè? fumare una sigaretta? mangiare qualcosa? fare una passegiata? ascoltare un po' di musica?

B

Ah sì, ho proprio bisogno di . . .*etc.*

SUPPLEMENTARY PRACTICE

Conversational exchanges

1 *A* Vorrei un caffè/un whisky/una birra (etc.)
  B C'è un tavolino libero in quell'angolo, signore/a/ina.
  A Grazie, preferisco prenderlo/la al banco.

2 *A* Allora, cosa prende? Offro io.
  B Io prenderei un whisky.
  A Con ghiaccio *(ice)* o senza?
  B Con ghiaccio, per favore.

3 *A* È buono questo caffè!
  B Ne prende un'altra tazza?
  A Sì, grazie. Con poco latte e niente zucchero.
  B Ancora una pasta?
  A No grazie, ne ho già mangiate troppe.

4 *A* Vuol bere un aperitivo?
  B Sì, grazie. Un Martini, per favore.
  A Per me un Cinzano bianco.
  B Cin cin!
  A Alla Sua salute.

Chain exchanges

1 *No wonder Giorgio got drunk!*
  A Giorgio ha bevuto una birra.
  B Non ne ha bevute due?
  A Ah sì, ne ha bevute due.
  B (*to C*): Giorgio ha bevuto due birre.
  C Non ne ha bevute tre?
  B Ah sì, ne ha bevute tre.
  C (*to D*): Giorgio . . . (*etc. increasing numbers*)

2 *A* Che cosa prende Lei?
  B Io prendo . . . (*something to drink*)
  A Cameriere! Un/una . . . (*whatever* B *said*) per il signore/la signora/la signorina.
  B (*to C*): Che cosa prende Lei? (etc.)

3 *Passing the cigarettes round*
  A Vuol fumare una sigaretta?
  B Sì grazie, ne ho proprio bisogno. (*B to C*, etc.)

Reading practice/Dictation

Franco e Maria hanno voglia di bere qualcosa, ed entrano in un bar.
Ieri Franco ha offerto da bere, e oggi tocca a Maria. Che cosa prende

11

Lei? Io prendo un Martini. Ah, un Martini va bene anche per me. Maria beve il Martini liscio, e Franco lo beve col seltz. Maria deve fare una telefonata. Ha bisogno di un gettone? No grazie, ne ho uno nella borsetta.

Suggestions for homework

1 *Read the main dialogue, then write a similar one on the lines suggested by the given cues:*
A Drink? B Yes. A Offro? *B* No, io. *A* Grazie. *B* Che cosa? *A* Martini. *B* Anch'io. *A* Telefono. *B* Gettone? *A* Grazie, molto gentile.

2 *Construct and write down:*
(a) *a few questions and answers from Drills 4, 5 and 7.*
(b) *a 'conversational exchange' based on Drills 4 and 3 (in that order).*

3 *Write six sentences selecting from each square the elements that can correctly be linked together:*

Gli altri			offerto	una birra
Io	ho		bevuto	le sigarette
Lui	abbiamo		letto	una lettera
Io e Franco	hanno		scritto	un caffè
Carla	ha		perso	il giornale
Franco e Carla				un aperitivo

EXPLANATIONS

1 Irregular verbs

Rimanere	Nascere	Morire	Salire	Uscire	Riuscire
to stay	*to be born*	*to die*	*to go up*	*to go out*	*to succeed*
rimango	nasco	muoio	salgo	esco	riesco
(rimani)	(nasci)	(muori)	(sali)	(esci)	(riesci)
rimane	nasce	muore	sale	esce	riesce
rimaniamo	nasciamo	moriamo	saliamo	usciamo	riusciamo
(rimanete)	(nascete)	(morite)	(salite)	(uscite)	(riuscite)
rimangono	nascono	muoiono	salgono	escono	riescono

past participles:

rimasto	nato	morto	salito	uscito	riuscito

Morire and **nascere** require **essere** in compound tenses:
Io sono nato a Torino (I was born in Turin). **È morto** (he is dead/he died).

2 Irregular past participles of some common verbs:

Infinitive	Past Part.
aprire (*to open*)	aperto
offrire (*to offer*)	offerto
soffrire (*to suffer*)	sofferto
leggere (*to read*)	letto
scrivere (*to write*)	scritto
prendere (*to take*)	preso

Infinitive	Past Part.
spendere (*to spend*)	speso
mettere (*to put*)	messo
perdere (*to lose*)	perso/perduto
chiudere (*to close*)	chiuso
bere (*to drink*)	bevuto
conoscere (*to know*)	conosciuto

3 *Ne* (some, any, of it, of them)

Like *lo, la, li, le*, **ne** is attached to infinitives (e.g. **Devo averne uno**) or placed in front of other forms of the verb. If **ne** is followed by a past participle, this must match the gender and number of the thing referred to by **ne** (e.g. **Beve ancora della birr*a*? No grazie, ne ho già bevut*a* troppa.**)

4 Disjunctive or emphatic pronouns

These are the forms that personal pronouns take after a preposition (**a, per, con**, etc.):
  me   **noi**
  (te)/Lei **(voi)/Loro**
  lui, lei **loro**

N.B. If **esso/essa** or **essi/esse** are used (instead of **lui/lei** or **loro**), they don't change after a preposition. E.g. **Non c'è cosa ad essa ignota**. (from '*L'Elisir d'Amore*') = 'there is nothing unknown to her'.
Disjunctive pronouns can be used with or without preposition for emphasis:

Normal:	*Emphatic:*
Non mi offri nulla?	**A me non offri nulla?** (*Aren't you offering anything to me?*)
Io lo amo.	**Io amo lui.** (*It's him I love.*)

12 dodici

Negative sentences
without partitive
So do I, neither do I
Sapere and *Conoscere*
Reflexive verbs
Omission of
    definite article

AT THE RESTAURANT

1 *A* Conosce un buon ristorante?

2 *B* È mai stato/a al '*Pappagallo*'?

3 *A* So dov'è, ma non ci sono mai stato/a.

4 *B* Ho sentito dire che è buono.

5 *A* Allora andiamo al 'Pappagallo'.

At the restaurant.

6 *Cameriere* Buon giorno signori. Vogliono accomodarsi?
Ecco il menù.

7 *A* Grazie. Che cosa c'è di buono oggi?

8 *Cam.* Ci sono delle buone lasagne al forno.

9 *A* Purtroppo sono a dieta. Non mangio pasta.

10 *B* Neanch'io mangio pasta.

11 *A* Che cosa prende Lei?

12 *B* Io prendo l'aragosta. E Lei?

13 *A* Io prendo una bistecca ai ferri e dell'insalata.

14 *B* Che cosa beviamo, del Frascati?

15 *A* Va bene, prendiamone mezza bottiglia.

1. Do you know a good restaurant? 2. Have you ever been to the 'Pappagallo'? (Parrot). 3. I know where it is, but I have never been there. 4. I heard them saying that it's good. 5. Then let's go to the 'Pappagallo'. 6. Good morning...Would you like to take a seat? Here is the menu. 7. Thanks. What's good to eat today? 8. There are lasagne al forno (baked noodles). 9. Unfortunately I am on a diet. I don't eat pasta. 10. I don't eat pasta either. 11. What are you having? 12. I'll have lobster. And you? 13. I'll take a grilled steak and some salad. 14. What shall we drink, some Frascati? 15. Fine, let's have half a bottle.

12

DRILLS

1 Negative sentences without partitive article

Structures: A. Do you eat hors d'oeuvre?   B. No, I don't eat hors d'oeuvre.

A

Mangia	dell'antipasto della minestra della carne del prosciutto della verdura della frutta del formaggio	Lei?	*hors d'oeuvre* *soup* *meat* *ham* *vegetables* *fruit* *cheese*

B

No, io non mangio	antipasto. minestra. carne. prosciutto. verdura. frutta. formaggio.

2 Structures: A. Are there some more glasses?   B. No, there are no more glasses.

A

Ci sono ancora	dei bicchieri? delle forchette? dei coltelli? delle serviette? dei piatti? delle tazze? dei cucchiai? dei cucchiaini?	*glasses* *forks* *knives* *napkins* *plates* *cups* *spoons* *teaspoons*

B

No, non ci sono più	bicchieri. forchette. coltelli. serviette. piatti. tazze. cucchiai. cucchiaini.

3 So do I, neither do I

Structures: (A is unstructured)   B. Neither do I . . . /So do I . . .
(The set lunch (pranzo a prezzo fisso) offers alternatives. A and B seem to like the same things.)

A

Io non prendo l'antipasto.*
Preferisco il succo di frutta (*fruit juice*).
Io non mangio pastasciutta.*
Prendo il minestrone (*thick soup*).
Poi c'è pesce. Io non mangio pesce (*fish*).
Oppure c'è carne.
   Io prendo la carne (*meat*).
Io non prendo il formaggio. (*cheese*).
  E Lei?
Preferisco la frutta.

B

Neanch'io prendo l'antipasto.*
Anch'io preferisco il succo di frutta.
Neanch'io mangio pastasciutta.
Anch'io prendo il minestrone.
Neanch'io mangio pesce.

Anch'io prendo la carne.

Neanch'io prendo il formaggio.
Anch'io preferisco la frutta.

*See Explanation 2

73

12

4 *Sapere* (to have knowledge of, be aware of, know how); *Conoscere* (to be acquainted with)

Structures: *A. Do you know this hotel?* *B. Yes, I know it.*
A. Then you know how to get there. *B. Yes, I know how to get there.*

A	B
Conosce questo albergo?	Sì, lo conosco.
Allora sa andarci.	Sì, so andarci.
Conosce questo ristorante?	Sì, lo conosco.
Allora sa che è caro.	Sì, so che è caro.
Conosce questa trattoria?	Sì, la conosco.
Allora sa che qui si mangia bene.	Sì, so che qui si mangia bene.
Conosce la proprietaria?	Sì, la conosco.
Allora sa che è simpatica.	Sì, so che è simpatica.

5 Reflexive verbs
Structures: *A. Do you feel well?* *B. Yes, I feel well.*

A	B
Si sente bene? (Sì)	Sì, mi sento bene.
Non si annoia? (*Aren't you bored?*) (No)	No, non mi annoio.
Si diverte? (*Are you enjoying yourself?*) (Sì)	Sì, mi diverto.
Si ferma molto qui? (*Are you staying here long?*) (Sì, un mese)	Sì, mi fermo un mese.

6 *Structures:* *A. Haven't you got up yet?* *B. No, but we are getting up now.*

A		B	
Non si sono ancora	alzati? lavati? vestiti? pettinati?* preparati?	No, ma adesso	ci alziamo. ci laviamo. ci vestiamo. ci pettiniamo. ci prepariamo.

*'pettinarsi', *to comb one's hair.*

7 *Structures:* *A. I am enjoying myself.* *(B is unstructured).*

A	B
Io mi diverto (Anch'io . . .)	Anch'io mi diverto.
Si annoia la Sua amica? (No)	No, non si annoia.
Ci sediamo qui? (Sì)	Sì, ci sediamo qui.
Mi riposo un poco. (Anch'io)	Anch'io mi riposo.
Come si chiama la Sua amica? (Gina)	Si chiama Gina.

SUPPLEMENTARY PRACTICE

Conversational exchanges

(A and B: Choose 2 items from the list below)

1 *A*   Allora, che cosa vuol mangiare?

  B   Io prendo ... e ... Che cosa prende Lei?

  A   Io prendo ... e ...

dell'antipasto
il minestrone
i ravioli
la pastasciutta
le lasagne al forno
il pollo arrosto (*roast chicken*)
la cotoletta alla milanese (*fried cutlet with breadcrumbs and egg*)
le scaloppine al marsala (*small cutlets cooked in Marsala wine*)
l'ossobuco (*oxtail*)

(A and B: Choose one item from the list below)

  B   E per finire io prendo ...

  A   Anch'io prendo ... (Invece io prendo ...)

della frutta (*fresh fruit*)
una macedonia di frutta (*fruit salad*)
una zuppa inglese (*trifle*)
del formaggio (*cheese*)
una fetta di torta (*a slice of cake*)

2 *A*   Andiamo al ristorante o mangiamo alla Tavola Calda? (*self-service/snack bar*).

  B   Io ho un po' fretta. Facciamo soltanto uno spuntino (*snack*).

  A   Conosco un posto qui vicino dove si mangia bene.

3 *A*   Io non ho molto appetito.

  B   Allora prenda un'omelette.

  A   Buona idea. E Lei, che cosa prende?

  B   Io ho una fame da lupi. (*I'm famished*) Prendo i ravioli.

4 *A*   Vuol passarmi la saliera per favore? (*salt-cellar*)

  B   Eccola. Vuole anche l'olio e l'aceto?

  A   No grazie, voglio soltanto un po' di sale.

12

5 *A* Vuole ancora un po' di ... (patate/carote/pomodori/fagiolini/
zucchini?)
(*potatoes/carrots/tomatoes/French beans
/baby marrows*)
  B No grazie, non ne voglio più.
  A Non faccia complimenti. (*Don't stand on ceremonies*). Ne prenda
ancora.
  B No, veramente. Ho già mangiato troppo.

6 *Alla fine del pasto*
  A (*al cameriere*) Cameriere, il conto per favore.
  B (*to friend*) Lasci, pago io.
  A No, oggi tocca a me.
  B Allora grazie.

7 *A* Lei mangia a casa a mezzogiorno?
  B Non sempre. Molte volte faccio uno spuntino in un bar.
  A Io generalmente mi fermo in ufficio, e mangio un panino (*a roll*).

8 *A* Venga a cena/a pranzo da noi.
  B Non vorrei disturbare.
  A Niente disturbo. Mangiamo sempre alla buona (*simply and in-
formally*).
  B Allora grazie, accetto con piacere.

9 *A* Sa dove fanno del buon caffè?
  B Io conosco un bar qui vicino dove lo fanno veramente bene.
  A Perchè non andiamo a prendere un caffè adesso?
  B Buona idea. Andiamo.

Chain exchanges

1 *Luncheon party in a restaurant. Only one menu is going round the large
table.*
  A Io ho già ordinato. Vuole ordinare Lei ora?
  B (*to* C): Io ho già ... *etc*
  Teacher (*last*) Ah, ecco il menù finalmente!

2 *The sauce is too hot, and nobody wants it. Pass it round.*
  A Vuole della salsa?
  B No, grazie, è troppo piccante per me. (*to* C):...
  Teacher (*last*) Ah, bene. A me piacciono le salse piccanti.

3 *There is a Russian in your party.*
A   Lei sa come si dice in russo 'bistecca ai ferri'?
B   Io non so il russo. *(to C):* . . .

4 A   Lei conosce il proprietario?
B   No, non lo conosco. *(to C):* . . .

5 *The retiring manager has invited the office staff to lunch in a restaurant.*
He/she wants to know how many soups to order. You ask one another.
Nobody wants soup!
A   Lei mangia la minestra?
B   No, non mangio mai la minestra a pranzo. *(to C):* Lei mangia . . .
etc.

Reading practice / Dictation

Andiamo al 'Pappagallo'? Ho sentito dire che è un buon ristorante, ma
non ci sono mai stato. Buon giorno. Vogliono accomodarsi, signori?
Che cosa c'è di buono? Ci sono lasagne. Io non mangio pasta. Sono a
dieta. Neanch'io mangio pasta. Prendo l'aragosta. E Lei? Io prendo una
bistecca ai ferri. Che cosa beviamo? Prendiamo mezza bottiglia di
Frascati.

Suggestions for homework

1 *Supply B's responses following the cues given in brackets:*
A Buon giorno, signore, Ecco il menù. B *(ask what's good to eat*
today). A Ci sono delle buone lasagne. B *(say you are on a diet).*
A Allora vuole del pesce? B *(yes, lobster).* A Che cosa beve?
B *(Frascati)* A Quanto ne vuole, una bottiglia? B *(No, half a bottle).*

2 *Construct and write:*
(a) *a 'conversational exchange' out of Drill 3;*
(b) *one or two four-line dialogues out of 'conversational exchange' No. 1.*

3 *Supply B's answers following the given cues:*
A Lei è inglese? B *(No, canadese).* A Da dove viene? B *(Mont-*
real). A È qui in vacanza? B *(No, per affari).* A Le piace l'Italia?
B *(Molto).* A Si ferma molto qui? B *(3 settimane).* A È venuto in
Italia da solo? [*on your own*] B *(Sì)* A. È sposato/a? B *(Divor-*
ziato/a). A Come si chiama? B *(. . .)*

12

EXPLANATIONS

1 Negative sentences without partitive article

Del, della etc. are not used in negative sentences.

2 Omission of definite article

When a noun is used in a general sense, the definite article *may* be left out, e.g. **Io non mangio pastasciutta** 'I don't eat pasta' (normally). **Io non mangio la pastasciutta** 'I don't eat pasta.' (today, or this particular one).

13 tredici

More than, less than
Superlatives
Future and Future Perfect
At . . .'s (*da* . . .)

SHOPPING

Ai Grandi Magazzini

1 *A* Posso vedere quella maglia blu?
2 *B* Eccola. È di pura lana.
3 *A* Ha un colore più chiaro di questo?
4 *B* Vediamo. Le piace questa?
5 *A* Quanto costa?
6 *B* Ventimila lire.
7 *A* È cara. Non voglio spendere così tanto.
8 *B* È la più fine che abbiamo.
9 *A* È bellissima, ma costa troppo.
10 *B* Prenda questa, costa soltanto 15.000 lire.
11 *A* Sì, questa va bene. La prendo.
12 *B* Desidera altro?
13 *A* Vendono anche delle sigarette qui?
14 *B* No, deve andare da un tabaccaio.

At the Chain Store. 1. Can I see that blue jersey? 2. Here it is. It is pure wool.
3. Have you got a lighter colour? 4. Let's see. Do you like this (one)? 5. How much
is it? 6. 20.000 lire. 7. It is expensive. I don't want to spend so much. 8. It is the
finest we have. 9. It is very beautiful, but it costs too much. 10. Take this, it costs
only 15.000 lire. 11. Yes, this is all right. I'll take it. 12. Anything else? 13. Do they
sell cigarettes here as well? 14. No, you must go to a tobacconist's.

13

DRILLS

1 Comparison (more than)
Structures: A. How many furs has your friend got, three?   B. She certainly has more than three.

(What a rich friend you have!)

A	B	
Quante pellicce[1] ha la Sua amica, tre?		tre.
Quanti braccialetti[2] ha la Sua amica, quattro?		quattro.
Quante collane[3] ha la Sua amica, cinque?		cinque.
Quanti anelli[4] ha la Sua amica, sei?	Ne ha certamente	sei.
Quante gonne[5] ha la Sua amica, una diecina?	più di	una diecina.
Quanti vestiti[6] ha la Sua amica, una dozzina?		una dozzina.
Quante camicette[7] ha la Sua amica, una ventina?		una ventina.
Quanti anni[8] ha la Sua amica, una trentina?		una trentina.

1 furs, 2 bracelets, 3 necklaces, 4 rings, 5 skirts, 6 dresses, 7 blouses, 8 years.

2 Comparison (less than)
Structures: A. You have bought a lot of postcards!   B. I bought less (= fewer) than you.

A		B		
	molte cartoline!		comprate	
	molti giornali!		comprati	
	molte diapositive![1]		comprate	
	molti francobolli!		comprati	
Lei ha comprato	molte carte topografiche![2]	Ne ho	comprate	meno di Lei.
	molti libri!		comprati	
	molte matite!		comprate	
	molti fiammiferi!		comprati	

1 slides, 2 maps

3 The Superlative
Structures: A. Is this the longest?   B. Yes, it is the longest.

A		B
È questo il più lungo?	(*long*)	Sì, è il più lungo.
È questa la più corta?	(*short*)	Sì, è la più corta.
Sono questi i più larghi?	(*wide*)	Sì, sono i più larghi.
Sono queste le più strette?	(*narrow*)	Sì, sono le più strette.

13

È questo il più chiaro?	(light)	Sì, è il più chiaro.
È questa la più scura?	(dark)	Sì, è la più scura.
Sono questi i più pesanti?	(heavy)	Sì, sono i più pesanti.
Sono queste le più leggere?	(lightweight)	Sì, sono le più leggere.

4 *Structures: A. This hat is very ugly.   B. Yes, it's the ugliest of (them) all.*

A		B
Questo cappello è bruttissimo.	(hat)	Sì, è il più brutto di tutti.
Questa cravatta è bellissima.	(tie)	Sì, è la più bella di tutte.
Questi guanti sono leggerissimi.	(gloves)	Sì, sono i più leggeri di tutti.
Queste scarpe sono pesantissime.	(shoes)	Sì, sono le più pesanti di tutte.
Questo bikini è piccolissimo.		Sì, è il più piccolo di tutti.
Questa cintura è grandissima.	(belt)	Sì, è la più grande di tutte.
Questi orecchini sono lunghissimi.	(ear-rings)	Sì, sono i più lunghi di tutti.
Queste gonne sono cortissime.	(skirts)	Sì, sono le più corte di tutte.

5 *Structures: A. What a nice dress!   B. Yes, it's nice, but yours is nicer.*

A	B
Che bel vestito!	Sì, è bello, ma il Suo è migliore.
Che bella camicetta!	Sì, è bella, ma la Sua è migliore.
Che begli stivali! (boots)	Sì, sono belli, ma i Suoi sono migliori.
Che belle scarpe!	Sì, sono belle, ma le Sue sono migliori.
Che bell'anello!	Sì, è bello, ma il Suo è migliore.
Che bella collana!	Sì, è bella, ma la Sua è migliore.
Che begli orecchini!	Sì, sono belli, ma i Suoi sono migliori.
Che belle valigie!	Sì, sono belle, ma le Sue sono migliori.

6 Comparison of adverbs

Structures: A. How well your friend speaks!   B. It's true, he speaks better than me.

A			B		
Come	parla (speaks) canta (sings) scrive (writes) dipinge (paints) balla (dances) nuota (swims) suona (plays) cammina (walks)	bene il Suo amico!	È vero,	parla canta scrive dipinge balla nuota suona cammina	meglio di me.

81

13

7 Future Tense

Structures: A. When will you take your holidays?   B. I'll take my holidays in June.

A

Quando prenderà le vacanze?	(giugno)
Dove andrà in vacanza?	(Venezia)
Quanto si fermerà?	(2 settimane)
Verrà anche Rosina con Lei?	(sì)
Viaggerà in treno?	(no, in aereo)
Quando prenoterà i posti?	(dopodomani)

B

Prenderò le vacanze in giugno.
Andrò in vacanza a Venezia.
Mi fermerò due settimane.
Sì, verrà anche Rosina.
No, viaggerò in aereo.
Prenoterò i posti dopodomani.

8 *Structures: A. When will you go to the supermarket?   B. We'll go (there) on Monday.*

A

	andranno al supermercato?
	compreranno i francobolli?
	spediranno le lettere?
Quando	ripareranno l'orologio?
	tradurranno le lettere?
	svilupperanno le fotografie?
	stireranno i vestiti?

B

Ci andremo	
Li compreremo	
Le spediremo[1]	
Lo ripareremo[2]	lunedì.
Le tradurremo[3]	
Le svilupperemo[4]	
Li stireremo[5]	

1 we will send,   2 we will repare,   3 we will translate,   4 we will develop,   5 we will iron

9 *da* = at ...'s

Structures: A. Tomorrow I'll go to the photographer's. And You?
B. I'll go (there) the day after tomorrow.

A

	io andrò dal fotografo. E Lei?
	Lei andrà dal calzolaio.[1] E io?
Domani	Marco andrà dell'orefice.[2] E Gina?
	noi andremo dal tabaccaio. E Loro?
	i miei fratelli andranno dal sarto.[3]
	E i suoi amici?

B

Io ci andrò	
Lei ci andrà	
Gina ci andrà	dopodomani.
Noi ci andremo	
I miei amici ci	
andranno	

1 shoemaker,   2 goldsmith,   3 tailor

SUPPLEMENTARY PRACTICE

Conversational exchanges

1 *A* Che bel negozio!
  B È il migliore di questo genere.
  A Sembra caro.
  B Ah sì, è carissimo.
  A Allora non fa per me.

Abbigliamento (clothing)
2 *A* Quanto costano queste camicette?
  B Seimila lire l'una.
  A Non ne ha delle migliori?
  B Sì, ho queste, ma costano 9000 lire.

3 *A* Desidera, signore/a?
  B Veramente non so. È per un regalo.
  A Quanto vuol spendere?
  B Sulle tremila lire.
  A Che ne dice di questi fazzoletti di seta?

4 *A* Che taglia (*size*) è questo vestito?
  B Taglia 46.
  A Ha una taglia più grande?
  B No, questa è la più grande che abbiamo.

Calzature
5 *A* Posso vedere le scarpe nere che ha in vetrina?
  B Che numero porta?
  A Il 39, credo.
  B Vuole provarle?
  A Sì, grazie.

Articoli elettrici
6 *A* Vorrei quattro pile come queste.
  B Sono per una radio?
  A No, sono per un giradischi.
  B Ecco signore/a/ina. 800 lire.

Articoli fotografici

7 *A* Vorrei una pellicola per questa macchina.
  B In bianco e nero, o a colori?
  A A colori. Ho anche queste foto da sviluppare.

Dal giornalaio

8 *A* Vende delle carte da gioco?
  B Mi dispiace, ma non ne abbiamo.
  A Ha per caso dei giornali inglesi?
  B No. Li troverà all'edicola della stazione.
  A Grazie. Buon giorno.

Al mercato

9 *A* È dolce quest'uva?
  B È dolcissima. L'assaggi.
  A Quanto costa al chilo?
  B Seicento lire.
  A Ne prendo un chilo.

10 *A* Ha dei piselli?
   B No, li ho venduti tutti. Vuole dei fagiolini?
   A Sono freschi?
   B Sono freschissimi. Quanti ne vuole?
   A Mezzo chilo.
   B Desidera altro?
   A No, per oggi questo è tutto.

Alimentari

11 *A* Due etti di prosciutto.
   B È un po' più di due etti. Lasciamo?
   A Lasci pure.
   B 1.200 lire. Non ha spiccioli?
   A Mi dispiace, ho soltanto 500 lire.
   B Non importa. Ecco il resto.

Dal tabaccaio (alla tabaccheria)

12 *A* Un pacchetto di . . . per favore.
   B Con filtro o senza?
   A Con filtro. E una scatola di cerini.
   B Ecco signore/a/ina. Desidera altro?
   A No, grazie. Quant'è?
   B 600 lire.

Chain exchanges

1 *A*   Ha trovato tutto quello che voleva comprare?
  B   Sì, grazie. Ho trovato tutto alla Standa (*to C*)...

2 *A*   Qual è il miglior negozio per comprare ...?
  B   Io non so (*to C*): ...

3 *A*   Ha notato dei negozi dove vendono ...?
  B   No, non ne ho visti. (*to C*): ...

4 *A*   Guardi che cosa ha comprato la signora Rossi per sua figlia.
  B   Carino/a/i/e, vero? (*to C*): ...

5 *A*   Ha visto che bei/belle (cravatte etc.) ci sono da ...?
  B   Sì, ma ho visto dei/delle ... ancora più belli/e da ... (*to C*): ...

Reading practice/dictation

Quella maglia mi piace, ma ha un colore più chiaro? Ho questa.
Le piace? Quanto costa? Ventimila lire. È troppo cara. È la più fine
che abbiamo. È bellissima, ma non voglio spendere così tanto. Vuole
questa? Costa meno. È di pura lana? Sì, è molto fine. Va bene, prendo
questa. Desidera altro? No, grazie.

Suggestions for homework

1 *Re-arrange the following sentences so as to produce a coherent dialogue:*
No, per oggi questo è tutto./È la più fine che abbiamo./Quanto costa?/
È bellissima, ma costa troppo./Posso vedere quella cravatta rossa?/È
molta cara/Sì, questa va bene./La prendo/Desidera altro?/Eccola,
è di pura seta (*silk*)./Ottomila lire/Prenda questa, costa soltanto cinque-
mila lire.

2 *Construct and write*
  (a) *a few questions and answers out of Drills 2, 4, 5, 6.*
  (b) *one four-line 'exchange' based on Drills 4 and 3 (in that order).*
    Start with 'Questo bikini è piccolissimo'.

3 *Write six sentences selecting from each square the elements that can correctly be linked together:*

Io	partiremo	domani
Franco e Maria	partirà	dopodomani
Lui	partiranno	lunedì
Io e Maria	partirò	questa sera
Loro		più tardi
Franca		sabato mattina

EXPLANATIONS

1 Comparisons

More/less than = **più/meno di** or **più/meno che**

Di is used in front of a noun, a pronoun, or a numeral:

Franco è più ricco di Alberto ⎫
È più ricco di me ⎬ (the form with **di** is the one which
Costa meno di mille lire ⎭ occurs most freuqently)

Che is used in all other cases:

È più lungo che largo (before an adjective)
Ha parlato più con me che con lui (before a preposition)
È più facile dire che fare (before a verb)
Ha ricevuto più lettere che cartoline (between nouns, without adjectives)

2 The Superlative is obtained by placing the definite article in front of **più/meno**: È la più grande che abbiamo.
È il meno caro che abbiamo.

If there is no comparison, the superlative is conveyed by substituting the final vowel of the adjective by **-issimo, -issima, -issimi, -issime**:
È grandissimo, è bellissima, sono piccolissimi, sono carissime.

3 Irregular comparisons

Some adjectives have special comparative forms, which can be used as well as the regular forms mentioned above. The ones most in use are:

		Comparative	Superlative	
			(relative)	*(absolute)*
good	buono	migliore	il migliore	ottimo
bad	cattivo	peggiore	il peggiore	pessimo
large	grande	maggiore	il maggiore	massimo
small	piccolo	minore	il minore	minimo

4 Comparison of adverbs

Adverbs can also be compared like adjectives: Cammina lentamente. Cammina più lentamente di me. Cammina il più lentamente possibile. Cammina lentissimamente.
The comparison between *two* adverbs requires **che**: È meglio tardi che mai. The irregular comparisons of the adverb are:

		Comparative	Superlative
well	bene	meglio	benissimo or ottimamente
badly	male	peggio	malissimo or pessimamente
very	molto	più	moltissimo
little	poco	meno	pochissimo

5 Future

	Arrivare	Prendere	Partire	Essere	Avere
first	arriverò	-erò prenderò	-irò partirò	sarò	avrò
(tu)	(arriverai)	(-erai) (prenderai)	(-irai) (partirai)	(sarai)	(avrai)
second and third	arriverà	-erà prenderà	-irà partirà	sarà	avrà
first	arriveremo	-eremo prenderemo	-iremo partiremo	saremo	avremo
(voi)	(arriverete)	(-erete) (prenderete)	(-irete) (partirete)	(sarete)	(avrete)
second and third	arriveranno	-eranno prenderanno	-iranno partiranno	saranno	avranno

13

The endings of the Future always follow the same pattern both for regular and irregular verbs. These endings are added to the stem of the infinitive; but some verbs, such as the common ones which follow, have a shortened version of their stem:

avere: avrò, avrai, avrà etc.; essere: sarò, sarai, sarà, etc. potere: potrò; volere: vorrò; dovere: dovrò; andare: andrò; venire: verrò; sapere: saprò; vedere: vedrò; rimanere: rimarrò; tenere: terrò; bere: berrò; proporre: proporrò.

6 Future Perfect

Avrò comprato (*I shall have bought*), sarò stato (*I shall have been*), saremo partiti (*we shall have left*).

7 Da = At . . .'s (at somebody's place)

Dall'avvocato (*at the lawyer's*), da mio fratello, dal sarto etc.
N.B. Most names of shops are derived from the designation of the tradesman, with the ending **-ria**: sarto: sartoria; orefice; oreficeria; calzolaio: calzoleria, etc.

14 quattordici

AT THE DOCTOR'S

1 *A* Che cosa c'è che non va?
2 *B* Mi sento sempre molto stanco/a
3 *A* Dorme bene?
4 *B* Soffro un po' d'insonnia.
5 *A* L'appetito come'è?
6 *B* L'appetito non mi manca.
7 *A* Mi faccia vedere la lingua. Fuma?
8 *B* Grazie al cielo non fumo.
9 *A* Respiri profondamente. Che lavoro fa?
10 *B* Sono cassiere/a in una banca.
11 *A* Polmoni ottimi. Anche il cuore va bene.
12 *B* Non ho niente di serio, dottore/dottoressa?
13 *A* No, ha soltanto bisogno di riposo.
14 *B* Che cosa posso fare per l'insonnia e la stanchezza?
15 *A* Le do un ricostituente. Vedrà che Le farà bene.

1. What is wrong with you? 2. I always feel very tired. 3. Do you sleep well?
4. I suffer a bit of insomnia. 5. What's the appetite like? 6. The appetite is quite
good (lit. I don't lack appetite). 7. Show me your tongue. Do you smoke? 8. Thank
heavens I don't smoke. 9. Breathe deeply. What (work) do you do? 10. I am a
cashier in a bank. 11. Excellent lungs. Also the heart is all right. 12. I haven't got
anything serious, doctor? 13. No, you only need rest. 14. What can I do about the
insomnia and the tiredness? 15. I'm giving you a tonic. You'll see, it will do you
good.

14

DRILLS

1 Indirect object pronouns *gli/le*

Structures: A. Here is the doctor. Shall I speak to him?
B. No, leave it. I'll speak to him.

A

Ecco	il dottore. la dottoressa. il radiologo. l'infermiera.	Gli Le Gli Le	parlo io?

B

No, lasci.	Gli Le Gli Le	parlo io.

2 *Structures: A. Have you told my sister to write to me?*
B. Yes, I told her to write to you.

(You are visiting an anxious aquaintance at the hospital)

A

Ha detto	a mia sorella di scrivermi? a mio padre di rispondermi? al dottore di parlarmi? all'infermiera di farmi l'iniezione? al radiologo di telefonarmi?

B

Sì,	le ho detto di scriverLe. gli ho detto di risponderLe. gli ho detto di parlarLe. le ho detto di farLe l'iniezione. gli ho detto di telefonarLe.

3 Direct object pronouns *mi/lo/la/ci/li/le*
Indirect object pronouns *mi/gli/le/ci/gli (loro)*

Structures: A. When will the doctor visit you?
B. He will visit me today and will give me an injection.

A

Il dottore quando	La visita? visita Suo fratello? visita Sua sorella? ci visita? vi visita? visita i Suoi genitori? visita le Sue amiche?

B

Mi Lo La Ci Vi Li Le	visita oggi, e	mi gli le ci vi gli* gli*	fa un'iniezione.

*in ordinary conversation. The correct form 'fa loro un'iniezione' sounds very formal and a
bit pedantic.*

90

14

4 Indirect object pronoun 'them' gli *(loro)* and direct object pronouns
Structures: A. The nurses have forgotten to bring the thermometer.
B. We must tell them to bring it.

(Emergency ward)

A

Gli infermieri Le infermiere I dottori Le levatrici[1]	hanno dimenticato di portare	il termometro. la siringa. i disinfettanti. le garze.[2]

1 *midwives*, 2 *gauzes*

B

Dobbiamo dirgli (Dobbiamo dir loro)	di	portarlo. partarla. portarli. portarle.

5 Irregular verb *dare*
Structures: A. What are you giving Mr Busso for his headache?
B. I am giving him aspirin.

*(The stand-in doctor gets his information about his colleague's patients.
Aspirin seems to help a lot.)*

A

Che cosa dà	al signor Busso per il mal di testa?[1] (aspirina) alla signora Rocca per il mal di gola?[2] (pasticche)[3] al signor Mira per la tosse?[4] (sciroppo) alla signora Cari per il raffreddore? (aspirina) al signor Tulli per l'indigestione? (bicarbonato) alla signora Sella per i reumatismi? (aspirina)

B

Gli do dell'aspirina.

Le do delle pasticche.
Gli do dello sciroppo.

Le do dell'aspirina.

Gli do del bicarbonato

Le do dell'aspirina.

1 *head*, 2 *throat*, 3 *lozenges*, 4 *cough*

91

6 *Structures: A. For Christmas my parents are giving Mario a necktie.*
B. But we are giving him a necktie too!

(*Comparing notes about Christmas presents. You will have to think again.*)

A			B	
Per Natale i miei* danno a	Mario una cravatta. Carla una collana. Enrico un orologio. Gina un anello. Franco una cintura. Susanna una penna.		Ma anche noi	gli diamo una cravatta! le diamo una collana! gli diamo un orologio! le diamo un anello! gli diamo una cintura! le diamo una penna!

*i miei = i miei genitori, *my parents.*

7 Irregular plurals
Structures: A. Does one arm hurt you, or did you say both arms?
B. Both my arms hurt me.

A					B	
Le fa male	un braccio, un dito, una mano, un ginocchio, un orecchio, un labbro,	o ha detto	le braccia? le dita? le mani? le ginocchia? le orecchie? le labbra?		Mi fanno male	le braccia. le dita. le mani. le ginocchia. le orecchie. le labbra.

8 *Structures: A. Excuse me, did you say one sheet, or two sheets?*
B. I said two sheets.

A			B	
Scusi, ha detto	un lenzuolo, o due lenzuola?[1] un paio, o due paia?[2] un uovo, o due uova?[3] un bue, o due buoi?[4] un uomo, o due uomini?[5] un centinaio, o due centinaia?[6] un migliaio, o due migliaia?[7]		Ho detto	due lenzuola. due paia. due uova. due buoi. due uomini. due centinaia. due migliaia.

1 *sheets*, 2 *pairs*, 3 *eggs*, 4 *oxen*, 5 *men*, 6 *about 200*, 7 *about 2000*.

9 The senses: *i sensi*
Structures: A. Have you got good sight? B. Yes, my sight is excellent.

A

Ha	la vista buona? l'udito buono?	
	un buon senso	dell'olfatto? del tatto? del gusto?

B

Sì,	la mia vista il mio udito		è eccellente.
	il mio senso	dell'olfatto del tatto del gusto	

10 Illnesses (*malattie*)
Structures: A. Alberto is not coming. He is ill.
B. Of course, if he is ill he can't come.

A

Alberto non viene.	Ha	È ammalato.	
		l'influenza. la febbre. la tosse. il raffreddore.	
		mal di	testa. gola. schiena. stomaco.

B

Certo, se	ha	è ammalato		non può venire.
		l'influenza la febbre la tosse il raffreddore		
		mal di	testa gola schiena stomaco	

SUPPLEMENTARY PRACTICE

Conversational exchanges

1 *A* Buon giorno signor/a . . . Come sta?
  B Non c'è male, e Lei?
  A Sono stato/a dal medico.
  A Niente di grave, spero.
  A No, soltanto un po' di stanchezza.
  B Che cosa Le ha ordinato?
  A Mi ha prescritto delle gocce. (*drops*)

2 *A* Ho sentito che Sua sorella non sta bene.
  B Sì, è da un po' di tempo che è all'ospedale.
  A Mi dispiace. Vuol farle i miei auguri?
  B Grazie, senz'altro, non mancherò. (*without fail, I shan't forget*)

3 *A* Sta meglio Suo fratello?
  B No, non sta ancora tanto bene.
  A Che cos'ha? Ha sempre gli stessi disturbi?
  B Sì, deve andare all'ospedale per una visita di controllo. (*check-up*)

4 *A* Pronto! Qual è l'orario delle visite? (*surgery hours*)
  B Dalle dieci alle dodici al mattino.
  A Vorrei fissare un appuntamento.
  B Può venire alle undici. Qual è il Suo nome?
  A . . .

5 *A* Ho un forte dolore alla spalla.
  B Come si è fatto/a male?
  A Sono caduto/a dalle scale.
  B È meglio fare i raggi X.

6 *A* Non sta bene, signore/a?
  B No, ho mal di denti.
  A Poverino/a! Ha molto male?
  B Un pochino. Beh, devo andare. Ho un appuntamento col dentista.

7 *Dal dentista*
  A Mi fa male questo dente.
  B Non mi sorprendo. È cariato. (*decayed*).
  A Si deve otturare? (*does it need a filling*)
  B Sì, se non vuole perderlo.

8 *Dal farmacista*
  A Ha uno sciroppo per la tosse?
  B Provi questo.
  A Quando lo devo prendere?
  B Ne prenda un cucchiaio dopo i pasti.

Chain exchanges

1 *A* C'è Lei prima di me?
  B No, c'è questa signora/questo signore. (*to C*): . . .

2 *A* La signora Porta cerca un buon dentista. Ne conosce uno?
  B No, grazie al cielo io non ne ho mai avuto bisogno. (*to C, etc.*).
  Teacher (*last*) Io ne conosco uno. È caro ma è bravo.

14

3 *The whole group had tummy trouble. They were all given the same medicine.*
A   Che cosa Le ha dato il dottore, della magnesia?
B   Sì, ha dato della magnesia anche a me. (*to C, etc.*)

Reading practice/Dictation

Alberto è sempre molto stanco, e va dal dottore. Che cosa c'è che non va? Soffro un po' d'insonnia. Com'è l'appetito? È buono. Mi faccia vedere la lingua. Non fuma? No, non fumo grazie al cielo. Polmoni e cuore vanno bene. Non ho niente di serio, dottore? No, ma ha bisgono di riposo. E per l'insomnia e la stanchezza? Le do un ricostituente.

Suggestions for homework

1 *Read the main dialogue, then correct and rewrite the following statements referring to it:*
1. B si sente molto bene.   2 Soffre di mal di testa.   3. Non ha molto appetito.   4. Fuma dieci sigarette al giorno.   5. È cameriere in un ristorante.   6. Ha mal di cuore.   7. È molto ammalato.   8. Deve andare all'ospedale.

2 *Construct and write:*
   (a) *one question and answer out of each of these Drills: 1, 2, 3, 4 and 6.*
   (b) *two questions and answers out of Drill 5 (one involving a man, and the other involving a woman).*

3 *Complete the sentences below, following the structure given as a model:*
   L'infermiera mi vede e mi sorride. [sorridere = *to smile*]
   1 Il dottore ti vede e—parla.
   2 Il radiologo lo vede e—risponde.
   3 Mio fratello lo vede e—parla.
   4 L'infermiera—vede e ci sorride.
   5 Il dottore—vede e mi parla.
   6 Il radiologo ti vede e—risponde.
   7 Mio fratello—vede e gli parla.
   8 L'infermiera—vede e le sorride.
   9 Il dottore ci vede e—parla.
   (*Now check against B of Drill 3 for correct forms of pronouns*)

14

EXPLANATIONS

1 Direct and indirect object pronouns

The indirect object pronouns differ from the direct object pronouns only in the third person singular and plural.

Singular	Dir. obj.		Indir. Obj.	
1st	mi	*me*	mi	*to me[1]*
2nd	ti	*you (fam.)*	ti	*to you (fam.)*
3rd	**lo**	*him, it*	**gli**	*to him, to it*
	la	*her, it, you (formal)*	**le**	*to her, to it, to you (formal)*

N.B. *Lo* and *la* become *l'* before a vowel.

Plural				
1st	ci	*us*	ci	*to us*
2nd	vi	*you (fam.)*	vi	*to you (fam.)*
3rd	**li** (m) **le** (f)	*them, you (formal)*	loro,[2] gli[3]	*to them, to you (formal)*

1 *to me, or for me, with me, etc.*
2 loro *is used in literary or formal speech, and must follow the verb.*
3 gli *is used in more casual conversation.*

Where both an indirect and a direct object pronoun are required, the indirect pronoun precedes the direct pronoun. In such cases **mi, ti, ci, vi** become **me, te, ce, ve** before the pronouns **lo, la, li, le**. Gli and le both become **glie** and fuse with the pronoun that follows. E.g., **Me lo porti** (Bring it to me). **Gliela porti** (Bring it to him/her). If the verb is an infinitive, the object pronouns are joined to the end of it, e.g., **Può portarmelo?** (Can you bring it to me?).

2 Irregular verb *dare*

do	diamo
dai	date
dà	danno

past part. dato

15 quindici

Impersonal verbs
Stare per + Infinitive
Months

THE WEATHER AND THE SEASONS

1	*A*	C'è troppo sole qui?
2	*B*	Sì. È meglio andare all'ombra.
3	*A*	Non trova che fa troppo caldo quest'estate?
4	*B*	Sì, però pensi com'è brutto l'inverno!
5	*A*	Ah sì, l'inverno scorso è stato lungo e freddo.
6	*B*	E abbiamo avuto così tanti scioperi!
7	*A*	A me piace la primavera.
8	*B*	Anche l'autunno è una bella stagione.
9	*A*	Sì, non fa nè troppo caldo nè troppo freddo.
10	*B*	Guardi quante nuvole ci sono ora!
11	*A*	È vero! Sta per piovere!
12	*B*	Non l'avrei mai detto!
13	*A*	Così improvvisamente!
14	*B*	Un vero temporale estivo!

1. Is there too much sun here? 2. Yes. It's better to go into the shade. 3. Don't you find it's too hot this Summer? 4. Yes, but think how unpleasant Winter is! 5. Ah yes, last Winter was long and cold. 6. And we had so many strikes! 7. I like Spring. 8. Autumn is a pleasant season too. 9. Yes, it's neither too hot nor too cold. 10. Look how many clouds are there now! 11. You are right! It's about to rain! 12. I would have never believed it! 13. So suddenly! 14. A true Summer storm!

15

DRILLS

1 Impersonal verbs describing the weather
Structures: A. (What's the weather like?) Is it still raining?
B. No, it isn't raining any more.

A

(Che tempo fa?)*	Piove Nevica Grandina Tuona Lampeggia	ancora?	(*rains*) (*snows*) (*hails*) (*thunders*) (*lightning*)

B

No, non	piove nevica grandina tuona lampeggia	più.

Add Che tempo fa? *when students find the drill easy without it.*

2 Impersonal verbs referring to necessity or likelihood of something to happen.
Structures: A. It's necessary to take the umbrella. B. You are right. It's necessary to take it.

A

Bisogna Non occorre Conviene Non importa Basta	portare l'ombrello.	(*it's necessary*) (*it isn't necessary*) (*it's advisable*) (*it doesn't matter*) (*it's enough*)

B

Ha ragione.	Bisogna Non occorre Conviene Non importa Basta	portarlo.

3 *Structures: A. Will it be necessary to book in January or in February?*
B. It will be necessary to book in January.

A

Bisognerà prenotare	in gennaio o in febbraio? in marzo o in aprile? in maggio o in giugno? in luglio o in agosto? in settembre o in ottobre? in novembre o in dicembre?

B

Bisognerà prenotare	in gennaio. in marzo. in maggio. in luglio. in settembre. in novembre.

4 *Structures: A. Do you need something? A handkerchief?*
  B. I need two handkerchiefs.

A

Le occorre qualcosa?	un fazzoletto? un ombrello? un parasole? una borsa da viaggio? un termometro? un barometro? un sacco da montagna? un impermeabile? *(raincoat)*

B

Mi occorrono	due fazzoletti. due ombrelli. due parasoli. due borse da viaggio. due termometri. due barometri. due sacchi da montagna. impermeabili.

5 Impersonal forms with *essere* + adverb or adjective or both (+ Infinitive)

  Structures: A. Is it (really) necessary to write to him?
  B. Yes, it is necessary to write to him.

A

È*	necessario indispensabile facile difficile proibito vietato importante urgente	scrivergli? vederlo? parlargli? convincerlo? telefonargli? chiamarlo? rispondergli? trovarlo?

B

Sì, è	necessario indispensabile facile difficile proibito vietato importante urgente	scrivergli. vederlo. parlargli. convincerlo. telefonargli. chiamarlo. rispondergli. trovarlo.

* *Add 'veramente' when the drill seems easy without it.*

6 *Structures: A. It's better not to smoke. It's forbidden.*
  B. Is it forbidden to smoke? All right. Now I know.

A

È meglio	non fumare. È proibito.[1] scendere qui. È più facile.[2] non entrare. È proibito. non camminare qui. È pericoloso.[3] firmare qui. È importante. non scrivergli. È inutile.[4]

B

È proibito fumare? È più facile scendere qui? È proibito entrare? È pericoloso camminare qui? È importante firmare qui? È inutile scrivergli?	Va bene, ora lo so.

1 forbidden, 2 easy, 3 dangerous 4 useless

7 *Stare per* + Infinitive (to be about to/on the point of . . .)
*Structures: A. When are you leaving for Verona?   B. I am about to leave
now.*

A

Quando parte per Verona?
A che ora apre la biglietteria?
Quando arrivano i Suoi amici?
A che ora parte il treno?
Quando passa il controllore?
A che ora incomincia il servizio ristorante?
Che tempo fa? Piove?

B

Sto per partire	
Sta per aprire	
Stanno per arrivare	
Sta per partire	adesso.
Sta per passare	
Sta per incominciare	
Sta per piovere	

SUPPLEMENTARY PRACTICE

Conversational exchanges

1 *A*   Ha sentito le previsioni del tempo? (*weather forecast*)
  B   Hanno detto che farà bello tutto il giorno.
  A   Bene. Così potremo andare alla piscina. (*swimming pool*)

2 *A*   Fa caldo qui, non trova?
  B   Devo aprire la finestra?
  A   Non sarebbe una cattiva idea.
  B   Va meglio così?
  A   Sì, così va meglio.

3 *A*   Che giornata meravigliosa!
  B   È fantastica!
  A   Che bella vista da qui!
  B   Si vedono bene tutte le montagne.

4 *A*   Bella giornata oggi, vero?
  B   Bellissima. Chissà se farà bello anche domani.
  A   Speriamo. Domani si vedrà.

5 *A*   Che caldo oggi! Il termometro segna 35 gradi.
  B   È terribilmente afoso. (*close*)
  A   Di notte non riesco a dormire.
  B   A mia figlia piace il caldo, ma io lo soffro.

6 *A* Com'è il tempo oggi?
  B Piove e fa freddo.
  A Ancora? È da una settimana che piove!
  B Ma il tempo sta per cambiare. Presto ci sarà il sole.

Chain exchanges

1 *A* Ci sono le previsioni del tempo sul Suo giornale?
  B Vediamo. No, non ci sono. (*to C, etc.*) ...

2 *A* Piove in questo momento?
  B Mi sembra di no, ma non si vede da qui. (*to C, etc.*) ...

3 *A* Allora ci vediamo alle tre davanti alla stazione.
  B E se piove?
  A Se piove ci vediamo dentro, vicino all'edicola. (*to C, etc.*) ...

4 *A* È uscito/a ieri?
  B No, è piovuto tutto il giorno e sono rimasto/a in casa (*to C, etc.*) ...

Reading practice/Dictation

Quest'estate fa troppo caldo, non trova? Sì, però pensi com'è brutto l'inverno! Ah sì, l'inverno scorso è stato molto freddo. Abbiamo anche avuto moltissimi scioperi. Le piace la primavera? A me piace l'autunno: non fa nè caldo nè freddo. Guardi quante nuvole! È vero! Non l'avrei mai detto. Sta per piovere!

Suggestions for homework

1 *Supply B's responses following the cues given in brackets:*
  A Che sole caldo oggi!
  B *(say it's better to go into the shade)*.
  A Quest'estate il caldo è insopportabile.
  B *(it's better than a cold winter like last one)*.
  A Le piace la primavera?
  B *(yes, but Autumn is also a nice season)*.
  A Guardi quante nuvole ci sono ora!
  B *(it's about to rain!)*
  A Così improvvisamente!
  B *(say it's only a Summer storm)*.

2 *Construct and write:*
   (a) one question and answer out of each of these drills: No. 1, 2, 4, 6, 7.
   (b) a 4-line 'exchange' based on Drills 1 and 2.

3 *Supply the answers to the following questions, as in the given model:*
   Example: È facile parlare a Franco? Sì, è facile parlargli.
   1 È difficile convincere Maria?
   2 È proibito telefonare a Carla?
   3 È necessario scrivere al Suo amico?
   4 È indispensabile chiamare il dottore?
   5 È importante rispondere a Cristina?
   6 È urgente chiamare la polizia?
   (*Now check against Drill 5 for correct forms of pronouns.*)

EXPLANATIONS

1 Impersonal verbs

In English these verbs have 'it' as a subject (it rains, it saddens me etc.). Similarly, in Italian they are used in the third person singular and refer to:

(i) *the weather*: **piove, nevica** etc. They can be conjugated with **essere** or **avere** in compound tenses; but the expressions with **fare** (fa bello, fa brutto, fa bel tempo, fa brutto tempo) are always conjugated with **avere**.

(ii) *the necessity, likelihood, desirability, advisability*, or otherwise of something: **bisogna ... occorre ...** etc. They are conjugated with **essere** in compound tenses. These verbs may have an indirect object (**mi** occorre un ombrello) or not (conviene aspettare), and can be used personally with a subject in the third person singular (**mi occorre** *un ombrello*) or third person plural (**mi occorrono** dei soldi). There are two ways of expressing that something is necessary, likely, etc.:

(a) *with a verb denoting necessity, likelihood, etc.* + infinitive (or subjunctive, but this will not be dealt with at this stage). E.g. **Bisogna pagare**.

(b) with **essere** + adverb or adjective (or both of them): E.g., È necessario scrivergli? È meglio telefonargli. È veramente difficile parlargli.

2 To be about to, to be on the point of . . . is rendered in Italian with **stare per** + Infinitive: Io sto, Lei sta, noi stiamo (etc.) per partire.

16 sedici

Imperfect and Pluperfect
Ce n'è, ce ne sono
Se ne, se lo, etc.
Relative pronouns
Order of object pronouns
-ino, -one etc.

ON THE BEACH/SPORTS

1 *A*   Non vieni a fare il bagno?

2 *B*   Avevo pensato di stare all'ombra oggi.

3 *A*   Hai preso troppo sole ieri?

4 *B*   Sì, mi bruciano un pochino le spalle.

5 *A*   Metti della crema. Dev'essercene nella borsa.

6 *B*   Ce n'è ancora molta?

7 *A*   Ce ne sono ancora due tubetti.

8 *B*   Chi è quel giovanotto? Mi sembra di conoscerlo.

9 *A*   Il giovanotto con cui parlavo poco fa?

10 *B*   No, quello che è entrato ora nella cabina.

11 *A*   È Bassetti, il calciatore.

12 *B*   Mi sembrava di conoscerlo.

13 *A*   Fai molto sport?

14 *B*   Ora no, ma quand'ero ragazzo/a giocavo a tennis. E tu?

15 *A*   Una volta facevo scherma, ma ora non ho più tempo.

1. Aren't you coming to bathe?   2. I had thought of staying in the shade today.
3. Did you get too much sun yesterday?   4. Yes, my shoulders are burning a little.
5. Put some cream (on). There must be some in the bag.   6. Is there still a lot of it?
7. There are still two tubes.   8. Who is that young man? I think I know him (lit. it
seems I know him).   9. The young man with whom I was speaking a while ago?
10. No, the one who has gone into the cabin now.   11. He's Bassetti, the football
player.   12. I thought I knew him.   13. Do you do much sport?   14. Not now, but as a
boy (when I was a boy) I played tennis. And you?   15. Once I used to fence, but now I
haven't got time.

16

DRILLS

1 Imperfect (I used to . . .)
Structures: A. Didn't you once use to play golf? *B. Yes, sometimes I played golf.*

A

Lei una volta non giocava	a golf? a calcio? a tennis? a pallacanestro? a ping pong?

B

Sì, qualche volta giocavo	a golf. a calcio. a tennis. a pallacanestro. a ping pong.

2 *Structures: A. What were the two of us speaking about, athletics?*
   B. No, it was they who were speaking about athletics.

A

Di che cosa parlavamo noi due,	di atletica? di nuoto? di ippica? di ciclismo? di pugilato? di alpinismo? di calcio? di tennis?

B

No, erano loro che parlavano	di atletica. di nuoto. di ippica. di ciclismo. di pugilato. di alpinismo. di calcio. di tennis.	*athletics* *swimming* *horse·riding* *cycling* *boxing* *climbing* *football*

3 *Structures: (A is unstructured).* *B. I was at the stadium.*

A

Dov'era Lei questo pomeriggio? (stadio)
Chi aspettava? (mio fratello)
Da dove arrivava Suo fratello? (piscina)[1]
C'erano anche i Suoi amici? (Sì)
C'era anche Rosina? (No)
Dove volevano andare? (alla palestra)[2]

1 swimming pool, 2 gymnasium

B

Ero allo stadio.
Aspettavo mio fratello.
Arrivava dalla piscina.
Sì, c'erano anche i miei amici.
No, Rosina non c'era.
Volevamo andare alla palestra.

16

4 The Pluperfect (imperfect of *avere* + Past participle)

Structures: A. Haven't you opened the cabin?   B.No, the beachguard had opened it already.

A

Lei non ha	aperto la cabina? portato la sdraio? preso la barca? chiamato la signora? chiuso l'ombrellone? gonfiato il materassino? ritirato il costume da bagno?	*cabin* *deck chair* *rowing boat* *beach umbrella* *inflated the lilo* *collected the swimsuit*

B

No, il bagnino l'aveva già	aperta. portata. presa. chiamata. chiuso. gonfiato. ritirato.

5 *Ce n'è* = there is some (of it); *ce ne sono* = there are some (of them).

Structures: A.   Were there not some lifebelts here?
B.   Lifebelts? I'm sorry, there aren't any any more.

A

Non c'erano	dei salvagenti degli ombrelloni delle sdraie delle barche dei secchielli[1] delle palette[2]	qui?

B

Dei salvagenti? Degli ombrelloni? Delle sdraie? Delle barche? Dei secchielli? Delle palette?	Mi dispiace, non ce ne sono più.

1 (little) buckets,   2 (small) spades

6 *Structures: A. Is there any more cream?   B. Yes, there is still plenty (of it)*

A
C'è ancora della crema?
Ci sono ancora degli ombrelloni?
C'è ancora dell'aranciata?
Ci sono ancora delle pinne? (*flippers*)
C'è ancora del sapone? (*soap*)
Ci sono ancora dei bikini?

B
Sì, ce n'è ancora molta.
Sì, ce ne sono ancora molti.
Sì, ce n'è ancora molta.
Sì, ce ne sono ancora molte.
Sì, ce n'è ancora molto.
Sì, ce ne sono ancora molti.

7 Relative pronouns

Structures: A. Here is the footballer. He has scored the goal.
B. Ah, is he the footballer who has scored the goal?

A
Ecco il calciatore. Ha segnato il goal.
Ecco l'arbitro.[1] Lo abbiamo visto alla televisione.

B
Ah, è il calciatore che ha segnato il goal?
(*Repeat the structures in the same way*:
Ah, è . . . . che . . . . ?)

16

Ecco il nuotatore.² Ha vinto la gara.	*He has won the swimming race.*
Ecco il fantino.³ Ha vinto la corsa.	*He has won the race.*
Ecco il pugile.⁴ Ha vinto l'incontro.	*He has won the match.*
Ecco il tennista.⁵ Ha vinto la partita.	*He has won the match.*
Ecco l'alpinista.⁶ Ha scalato il Monte Bianco.	*He has climed Mont Blanc.*
Ecco lo sciatore.⁷ Ha perso uno sci.	*He has lost a ski.*

1 referee, 2 swimmer, 3 jockey. 4. boxer, 5 tennis player, 6 mountain climber, 7 skier

8 *Structures: A. What horse is this? B. It's the horse I was talking to you about.*

A

Che cavallo è questo?
Che sella è questa? (*saddle*)
Che fantini sono questi?
Che bicicletta è questa?
Che remi sono questi? (*oars*)
Che racchetta è questa? (*tennis racket*)
Che fucile è questo? (*rifle*)

B

È il cavallo	
È la sella	
Sono i fantini	
È la bicicletta	di cui Le parlavo.
Sono i remi	
È la racchetta	
È il fucile	

9 *Structures: A. Is this the jockey they were speaking to us about?*
B. Yes, he is the jockey they were speaking to us about.

A È questo il fantino del quale ci parlavano?
B Sì, è il fantino del quale ci parlavano.
A Sono questi i cavalli dei quali ci parlavano?
B Sì, sono . . . .
A È questa la barca della quale ci parlavano?
A Sono queste le piscine delle quali ci parlavano?
A È questo il nuotatore del quale ci parlavano?
A Sono questi i salvagenti dei quali ci parlavano?
A Sono queste le piste (*tracks*) delle quali ci parlavano?

SUPPLEMENTARY PRACTICE

Conversational exchanges

1 *A* Viene spesso in questa spiaggia?
  B Questa è la seconda volta.
  A È profonda l'acqua in questo punto?
  B Non so. Io faccio soltanto la cura del sole.

2 *A* Com'era il mare ieri?
  B Era molto calmo.
  A C'era molta gente?
  B Era affollatissimo.

3 *A* Che onde alte! Sa nuotare Lei?
  B Un pochino. Riesco a stare a galla. (*afloat*)
  A Non fa il bagno oggi?
  B No, il mare è troppo agitato per me.

4 *A* Vuol chiedere ai suoi bambini di non tirare la sabbia? (*throw sand*)
  B Scusi, non ho sentito. Può abbassare la radio? (*can you lower (the sound of) your radio*)
  A Dicevo che i suoi bambini gettano sabbia dappertutto. (*everywhere*)

5 *A* Qual è il risultato della partita di calcio?
  B Ha vinto il Torino 3 a 1.
  A Chi era l'arbitro?
  B Era Fiorello, un arbitro milanese.

6 *A* È un campo di golf questo?
  B Sì è il campo di cui Le parlavo.
  A Bisogna diventare soci per giocare a golf?
  B Credo di sì.

7 *A* È permesso pescare (*to fish*) in questo lago?
  B Sì ierì ho visto molti che pescavano.
  A Si possono noleggiare (*hire*) gli arnesi da pesca? (*fishing gear*)
  B Provi a domandare in quel negozio.

Chain exchanges

1 *A* Va bene se andiamo alla spiaggia verso le dieci?
  B Per me va benissimo. (*to C*): . . .

2 *A* Faccia attenzione, ci sono molti scogli qui. Lo dica anche agli altri.
  B (*to C, etc.*)

3 *A* Lei va ancora a giocare a tennis ogni mattina?
  B No, quest'anno non ci vado più.

4 *A* Lei era alla partita di calcio ieri?
  B No, ieri pioveva e non ci sono andato/a.

5 *Fishing party. Mr. Grosso has caught something at last. Pass it round for admiration.*
A Vuol vedere quel che ha pescato il signor Grosso?
B Bellissimo! (*to C*) . . .

Reading practice/dictation

Angela, non va a fare il bagno oggi? No, avevo pensato di stare all'ombra. Ieri ho preso troppo sole. Le bruciano le spalle? Sì, un pochino. Metta della crema; ce n'è ancora molta. Quanti tubetti ci sono? Ce ne sono ancora due. Mi sembra di conoscere quel giovanotto. È un calciatore. Ah sì, è Bassetti. Mi sembrava di conoscerlo.

Suggestions for homework

1 Read the main dialogue, then answer the following questions about it: 1. Va a fare il bagno A? 2. Dove aveva pensato di stare oggi? 3. Perchè? 4. Dove c'è della crema? 5. Quanti tubetti di crema ci sono ancora? 6. Con chi parlava il giovanotto poco fa? 7. Dov'è andato il giovanotto in questo momento? 8. Come si chiama il giovanotto? 9. A che cosa giocava B quand'era giovane? 10. Ha ancora tempo A, a fare la scherma?

2 *Construct and write:*
(a) *one question and answer from each of these Drills: 2, 4, 5, 6 and 7.*
(b) *one four-line 'exchange' from Drills 1 and 8 (start asking whether once you used to play tennis).*

3 *Write six sentences selecting from each square the elements that can correctly be linked together:*

Franco	giocavamo	alla spiaggia
Io	parlavano	della crema
Lui	ero	di calcio
Carla e Franco	aveva	a tennis
Loro	uscivamo	tutte le sere
Io e Carla	nuotavano	molto bene

EXPLANATIONS

1 Imperfect Tense (I was ... I used to ...)

The Imperfect is used to convey a state or condition in the past, or habitual or continuous actions in the past.

The pattern of endings of the Imperfect is constant for all verbs except **essere**.

		nuotare	vedere	uscire	avere	essere
sing.	1st	nuotavo	vedevo	uscivo	avevo	ero
	(tu)	nuotavi.	vedevi	uscivi	avevi	eri
	2nd, 3rd	nuotava	vedeva	usciva	aveva	era
plur.	1st	nuotavamo	vedevamo	uscivamo	avevamo	eravamo
	(voi)	nuotavate	vedevate	uscivate	avevate	eravate
	2nd, 3rd	nuotavano	vedevano	uscivano	avevano	erano

In some cases the Imperfect has a stem which is different from that of the Infinitive. The following are some of the most common irregular imperfects:

		fare	bere	dire	proporre	introdurre
sing.	1st	facevo	bevevo	dicevo	proponevo	introducevo
	(tu)	facevi	bevevi	dicevi	proponevi	introducevi
	2nd, 3rd	faceva	beveva	diceva	proponeva	introduceva
plur.	1st	facevamo	bevevamo	dicevamo	proponevamo	introducevamo
	(voi)	facevate	bevevate	dicevate	proponevate	introducevate
	2nd, 3rd	facevano	bevevano	dicevano	proponevano	introducevano

2 The Pluperfect Tense (I had been)

The Pluperfect is formed by the Imperfect of **essere** or **avere** followed by a past participle: Ero arrivato presto. Avevo aperto la cabina.

3 Diminutives, Pejoratives etc.

Many words (mainly nouns, but also adjectives and adverbs) can be altered by the addition of certain endings. The most common are:

-ino, for something small (*materassino*), with overtones of attractive-ness (*manina*). Also for small quantity or intensity (*pochino*)

16

-etto/-ello, for something small (*tubetto, paletta, secchiello*), with overtones of compassion (*vecchietta*, frail old lady), or of little account
(*fatterello*, a fact of little account).
-one, for something big (*ombrellone, un donnone* a big woman).
Feminine nouns generally become masculine in the process.
-accio, for something despicable or unpleasant (*ragazzaccio, tempac-
cio*).

4 **Ce n'è** (there is some), **ce ne sono** (there are some).

Ci (= here, there, any place mentioned beforehand) changes the
-i into -e when followed by **ne** (some, any of it, of them).

5 Se ne, se lo, etc.

The reflexive pronoun **si** also changes the -i into -e when followed by
another pronoun. E.g., **Se ne fa una tazza** (He makes himself a cup (of
it)). **Se lo fa ogni mattina** (He makes it (for himself) every morning.

6 Order of object pronouns

Summarizing the position of two pronouns occurring together in the
same sentence, any in the first column may be combined with any in the
second:

me	lo
glie–	la
ce	li
ve	le
se	ne

7 Relative pronouns

They relate two parts of a sentence, joining them into a whole. They
cannot normally be omitted in Italian (the lady I see = *la signora* che
vedo).
che = who, whom, that, which
chi = (he) who (*colui, colei, coloro che* = he, she, they/those who
il/la quale, i/le quali = who, whom, that, which (often with preposition: *al/dal/dalla quale*, etc. = to/from whom, etc.)

a/di/da/in/su/con/per cui = to/of/from (etc.) which/whom
il/la/i/le cui = whose
quel/quello/quella/quelli/quelle che, ciò che = what, that/those/the one(s) which/whom